JN046343

138 infection

語源増殖 is

英語 isle, island がそうであるように、仏語 île 囡（î は is の短縮形）は「島」のこと。isolation は「島に置くこと」がそもその意味。insulaire / *insular* で形容詞「島の」、péninsule 囡 / *peninsula* で「半島（地方）」（← pen" ほとんど" 島である）を指す。

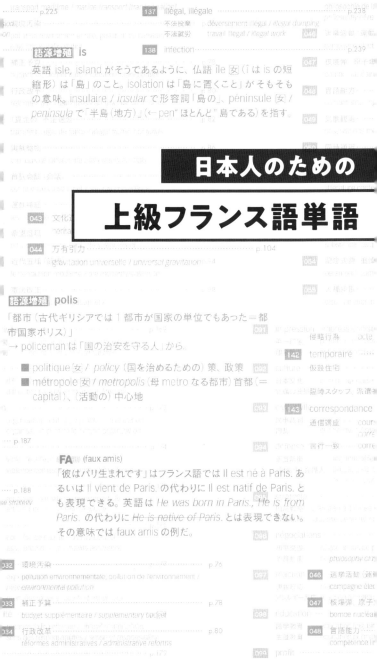

日本人のための
上級フランス語単語

現代力学 gravitation universelle / *universal gravitation*

語源増殖 polis

「都市（古代ギリシアでは 1 都市が国家の単位でもあった＝都市国家ポリス）」

→ policeman は「国の治安を守る人」から。

■ politique 囡 / *policy*（国を治めるための）策、政策
■ métropole 囡 / *metropolis*（母 metro なる都市）首都（＝ capital）、（活動の）中心地

FA (faux amis)

「彼はパリ生まれです」はフランス語では Il est né à Paris. あるいは Il vient de Paris. の代わりに Il est natif de Paris. とも表現できる。英語は *He was born in Paris.*, *He is from Paris.* の代わりに *He is native of Paris.* とは表現できない。その意味では faux amis の例だ。

はじめに

2023 年 1 月 31 日の Zoom での講義が本書の原点です。
前年の春と秋に仏検2級と準2級に合格した商学部の5人の
学生が研究棟に現れ、こう要望されました。

「（久松が）単語の抽象度が増すと英語とフランス語は似てく
る。入試英語をくぐった人ならなおのこと、このストックを利
用して単語の幅を広げるといい」
そう何度か授業中に話しているが、どんな風に効果があるの
か具体例をあげて説明して欲しい。

クラス全員からの頼みではないので「補講」という形で授業
をしました。都合、8名 (3名は文学部からの飛び入り) を前
に利用した資料がこの本のスタートです。

いつも悩みます。フランス語の入門や初級の本は何冊も出版
されています。なのに、中級・上級となるとその 10 分の 1、
いや 20 分の 1 でしょうか。それに、中級・上級をうたいな
がら、実際には初級レベルといった本もちらほら。

たしかにフランス語学習者は英語に比べると人数は少ない。裾野の広がりが小さければ、高みに達する人数にもおのずと限りがある。しかし、フランス語の上級レベル（仏検なら準1級・1級あるいは DELF B2、DALF を受ける受験生）は一定数存在している。そうした地道な学びを積み上げ、成果を出そうとしている人たちに自分の経験を生かした学習のアイデアを提供できないか。真摯に学んで、着実にステップアップしようとする人たちの手助けがしたい……。

大学の教壇に立ってかれこれ40年近く。「新味を盛った」学習法の提案（本書で言えば、四字熟語・英語・カタカナ語・語源を駆使して上級レベルの語彙を紡ぐあり方）にこだわっています。あなたの単語増殖をサポートできる一助となれるなら幸いです。

久松 健一

記：わがままな企画に賛同いただいた駿河台出版社には感謝しています。また、編集の上野大介様、DTP 担当の屋良達哉様、ならびに校正をお願いした Julien Richard-木口様には心から御礼を申し上げます。

Warming-up

1章

目次

目次

補 遺

本書をお使いになる皆様に

日本人なら知っている四字熟語や英語 (カタカナ語) を活用し、語源などにも適時触れて、フランス語の単語力を育てる一冊です。

赤シート (本書には付属していませんが) を使っていただいたら、部分的な仏作文ができますし、それではレベルが高いという方は、逆に、和訳を隠して読解のレベルを上げる練習もできます。多読というにはばらばらの短文ですが、フランス語に慣れることはできます。また、1ページずつ単語を積み上げていく過程で「練習問題」が道標として役立つはずです。ざっと目次を眺め、ページを繰るだけでも、上級単語獲得のベースは育つと思います。

基本文法力 (特に動詞の活用は避けられません) があれば、単語や表現の幅はここまでという限界はなく広がっていきます。少し地道な努力は要しますが、どこまでも膨らんでいくものです。

英語・フランス語を参考に空欄に適語を入れてください。

01 　　　　安全□□

safety zone
zone de sécurité

02 　　　　□□秩序

social order
ordre social

03 　　　　中年□□

middle-aged couple
couple d'âge moyen

04 　　　　□□放送

satellite broadcasting
diffusion par satellite

05 　　　　合成□□

synthetic fiber
fibre synthétique

06 □□犯罪（ヘイトクライム）

hate crime
crime de haine

07

懐中□□

pocket watch
montre de poche

08

□□保障

social security
sécurité sociale

09

銀行□□

bank robber
voleur de banque

10

□□条件

working conditions
conditions de travail

11

時事□□

current events
événements actuels

12

□□代謝

metabolism
métabolisme

英語・フランス語を参考に空欄に適語を入れてください。

13

固定□□

fixed ideas
idées fixes

14

□□診断

medical checkup
check-up médical

15

保健□□

health and physical education
santé et éducation physique

16

□□企業

private enterprise
entreprise privée

17

交通□□

traffic accident
accident de la circulation

18

□□国家

modern nation
nation moderne

19

満場□□

unanimity
unanimité

20

□□見本

sample pages
exemples de pages

21

南極□□

Antarctica
l'Antarctique

22

□□列島

the Japanese Archipelago
l'archipel japonais

23

天体□□

astronomical observation
observation astronomique

24

□□論文

doctoral thesis
thèse doctorale

英語・フランス語を参考に空欄に適語を入れてください。

25　　　　　精密□□

detailed (health) examination
examen (de santé) détaillé

26　　　　　□□蔑視

misogyny
misogynie

27　　　　　資本□□

capitalism
capitalisme

28　　　　　□□試験

bar examination
examen du barreau

29　　　　　生活□□

standard of living
standard de vie

30　　　　　□□番号

telephone number
numéro de téléphone

31 適性 □ □

aptitude test
test d'aptitude

32 □ □ 事情

internal affairs
affaires internes

33 裏 □ □ □

backdoor admission to a university
admission déguisée dans une université

34 □ □ 電車

crowded train
train bondé

35 最終 □ □

last train
dernier train

36 □ □ 習慣

manners and customs
mœurs et coutumes

英語・フランス語を参考に空欄に適語を入れてください。

37 電子□□

electronic cigarette
cigarette électronique

38 □□喫煙

passive smoking
tabagisme passif

39 民間□□

private diplomacy
diplomatie privée

40 □□広告

video advertising
publicité vidéo

41 動画□□

distributing videos
diffusion des vidéos

42 □□診療 (遠隔医療)

telemedicine
télémédecine

43

宇宙□□

extraterrestrial excursion
excursion extraterrestre

44

□□災害

urban disaster
catastrophe urbaine

45

知的□□

intellectual property
propriété intellectuelle

46

□□主義 (唯物論)

materialism
matérialisme

47

音声□□

voice recognition
reconnaissance vocale

48

□□署名

digital signature
signature numérique

英語・フランス語を参考に空欄に適語を入れてください。

49 化学□□

chemical reaction
réaction chimique

50 □□対称 (対称性)

symmetry
symétrie

51 専門□□

jargon
jargon

52 □□王政

absolute monarchy
monarchie absolue

53 参考□□ (図書目録)

bibliography
bibliographie

54 □□地化

colonization
colonisation

55

被害□□（偏執病）

paranoia
paranoïa

56

□□衛星

weather [meteorological] satellite
satellite météorologique

57

（パスポートの）有効□□

date of expiration
date d'expiration

58

□□感情

anti-Japanese sentiment
sentiment anti-japonais

59

博士□□

doctoral course
cours doctoral

60

□□環境

living conditions
conditions de vie

001 鎖国政策

politique d'isolement
isolation policy

▶アイソレーション (イソレーション)　**isolation**　孤独、隔離
▶ポリシー　**policy**　政策、方策、方針

☐ 鎖国政策のおかげで、江戸時代に日本独特の文化が育まれたと言える。

On peut dire que la culture unique du Japon a été nourrie pendant la période Edo grâce à la politique d'isolement.

It can be said that Japan's unique culture was nurtured during the Edo period thanks to the isolation policy.

語源増殖 polis

「都市 (古代ギリシアでは 1 都市が国家の単位でもあった＝都市国家ポリス)」
→ policeman は「国の治安を守る人」から。

■ politique 囡 / *policy* (国を治めるための) 策、政策
■ métropole 囡 / *metropolis* (母 metro なる都市) 首都 (＝ capital)、(活動の) 中心地

語源増殖 is

英語 isle, island がそうであるように、仏語 île 囡 (î は is の短縮形) は「島」のこと。isolation は「島に置くこと」がそもそもの意味。insulaire / *insular* で形容詞「島の」、péninsule 囡 / *peninsula* で「半島 (地方)」(← pen "ほとんど" 島である) を指す。

politique d'isolement

☐ **politique** [pɔlitik] 囡
policy 政策、政治

外交政策
politique _____ [1] [étrangère]
foreign policy

営業方針
une politique commerciale / *a business policy*

◇ **politique** [pɔlitik] 形
political 政治の、政治的な

政党
un parti politique / *a political party*

* たとえば、ポリティカル・コレクトネス political correctness
「人種、宗教、性別などに寛容で差別的な表現をなくそう
とする動き」(「政治的妥当性」という訳もある) はすでに
日本語。仏語では politiquement correct となる。

◇ **politicien, politicienne** [pɔlitisjɛ̃, ɛn] 名
politician 政治家、政治屋

* homme politique ともいう。見出し語は「政治家」の意
味も、党利・私利を目的とする「政治屋」の意味も含む。

☐ **isolement** [izɔlmɑ̃] 男
isolation 孤独、孤立、隔絶状態

☐☐☐孤立 [2]
isolement diplomatique / *diplomatic isolation*

隔離☐☐ [3]
unité d'isolement / *isolation ward*

3

002 民主政府

gouvernement démocratique
democratic government

▶ガバメント **government** ① 政治行政、政治体制　② 政府、内閣（**Japanese government**「日本政府」）

▶デモクラティック **democratic** 民主的な、民主主義的な

□ **民主政府の起源は古代ギリシアにさかのぼる。**

Les origines du gouvernement démocratique remontent à la Grèce antique.

The origins of democratic government date back to ancient Greece.

語源増殖 **demos**「人民」= **people**

■ démocratie 女 / *democracy* 民主主義、デモクラシー、民主制
　←〈ギリシア語 demos「人民」+ kuratia「統治」〉「人民による統治」の意味
■ démocratiser 動 / *democratize* 民主化する、大衆化［一般化］する
■ démagogue 名 / *demagogue* 民衆扇動者、デマゴーグ（←「人民」を gogue「導く」者）

解答 001 鎖国政策

1. politique **extérieure**　2. **外交的**孤立　3. 隔離**病棟**

gouvernement démocratique

- [ ] **gouvernement** [guvɛrnəmã] 男
  government ① 政体、政権 ② 政府、内閣

  □□政権 [1]
  gouvernement conservateur
  conservative government

  * 「革新政権 (革新政府)」なら gouvernement
  réformiste / *reformist government* という。

  政権□□ [2]
  changement de gouvernement
  change of government

  □□□制 [3]
  gouvernement présidentiel
  presidential government

- [ ] **démocratique** [demɔkratik] 形
  democratic 民主的な、民主主義の

- [ ] この国が本当に民主主義的なら、私たちは今のような状況に陥ってはいまい。

  Si ce pays était vraiment démocratique, nous ne
  serions pas dans la situation où nous sommes
  maintenant.

  If this country were truly democratic, we wouldn't
  be in the situation we are in now.

  * アメリカ合衆国の 2 大政党のうち「民主党」*the
  Democratic Party* をフランス語では le Parti
  démocrate と言い表す。「共和党」は *the Republican
  Party* / le Parti républicain と称す。

003 圧力団体

groupe de pression
pressure group

▶プレッシャーグループ　pressure group　圧力団体（経団連、医師会、総評など）

☐ **この圧力団体は政府に影響を及ぼすために数百万ユーロを費やしている。**

Ce groupe de pression dépense des millions d'euros pour influencer le gouvernement.

This pressure group spends millions of euros in order to influence the government.

語源増殖 press「圧する」

→ ズボンを「プレスする」がわかりやすいイメージ。紙に活字を「押しつけ印刷する」機械は *printing press* と呼ばれるが、そもそもはグーテンベルクの印刷機に由来。そこから「（新聞などの）報道機関」もプレスと呼ばれることになる。

■ expression 囡 / *expression*　表現、言い表すこと（←心情を ex「外へ」+「押し出す」こと）

■ impressionner 動 / *impress*　強い印象を与える、感銘させる（←心の im「中へ」+「押しつける」）

■ dépression 囡 / *depression*　意気消沈、不景気（←de「下に」+「押しつぶす」）

解答　002 民主政府

1. **保守**政権　2. 政権**交代**　3. **大統領**制

☐ **groupe** [grup] 男
group （人の）集まり、集団、グループ

☐☐団体 [1]
  groupe politique
  political group
宗教団体
  groupe religieux
  religious group
団体旅行
  voyage de groupe
  group travel
グループ（集団）で
  en groupe
  in a group

＊「個人的に」なら en privé / *in private* という。

☐ **pression** [presjɔ̃] 女
pressure 圧力、圧迫

☐☐ [☐☐] 圧力 [2]
  pression à la hausse [baisse] sur le yen
  upward [downward] pressure on the yen
気圧☐☐ [3]
  modèle de pression
  pressure pattern
高 [低] 気圧
  haute [basse] pression
  high [low] pressure

＊ haute [basse] pression atmosphérique / *high [low]*
  atmospheric pressure ともいう。

004 治安部隊

forces de sécurité
security forces

▶セキュリティー　security　① 安全、防犯、治安の良さ
② ［コンピュータ］データを守ること

▶フォース force　① 力　② 軍隊、部隊　③ 映画『スターウォーズ』に出てくるエネルギー

□ 大臣は治安部隊の出動を要請した。

Le ministre a demandé l'envoi de forces de sécurité.

The minister requested the dispatch of security forces.

語源増殖 fort「強い」「力」

→ 音楽で「強音の、強音部」は フォルテ forte、逆はピアノ
piano という。イタリア語の pianoforte を略したのが「楽器」
のピアノ。見出し語の force は fort の変形。

- effort 男 / *effort*（肉体的・精神的な）努力（←力を ef〈ex「外」に出すことから）
- confortable 形 / *comfortable*　安楽な、快適な（←十分に力をつけてあげる、慰める）
- fortifier 動 / *fortify*（攻撃などに備えて）強化する（←力を「作る」の意味）

解 答　003 圧力団体

1. 政治団体　2. 円高［円安］圧力　3. 気圧配置

forces de sécurité
. . . .

☐ **force** [fɔrs] 囡
  force （人の）力、（組織・集団の）力、（多く複数で）部隊

  生命力
    force _____[1]
    vital force
  労働力
    force de travail
    work force
  不可抗力
    force irrésistible
    irresistible force
  軍隊
    force _____[2]
    armed force

☐ **sécurité** [sekyrite] 囡
  security 安全、安心、無事、安寧

☐ 彼女は経済的な安心感が幸福の指標だという。

  Elle dit que le sentiment de sécurité économique est
  un indicateur de bonheur.

  She says the feeling of economic security is an
  indicator of happiness.

  警備会社
    société de sécurité
    security company
  ☐☐設備 [3]
    équipements [installations] de sécurité
    security equipment [installations]

005 国立公園

parc national
national park

▶ナショナルパーク　**national park**　国立公園

☐ この地域は3年前に国立公園に指定された。

Cette zone a été désignée un parc national il y a trois ans.

This area was designated as a national park three years ago.

語源増殖 | nat「生まれながらの」

→ nation は「生まれながら同じ者」がそもそもの意味。これが、同じ1つの政府のもとに統一された「国民」「国家」の意味で使われるようになった。nature「自然」も「生まれたまま」の意味。

■ natif, native 形 / *native*　生まれの、出生地の、生まれたときからの

FA (faux amis)

「彼はパリ生まれです」はフランス語では Il est né à Paris. あるいは Il vient de Paris. の代わりに Il est natif de Paris. とも表現できる。英語は *He was born in Paris.*, *He is from Paris.* の代わりに ~~He is native of Paris.~~ とは表現できない。その意味では faux amis の例だ。

解答　004 治安部隊

1. force **vitale**　2. force **armée**　3. **防犯**設備

parc national

▢ **parc** [park] 男 *park* 公園

自然公園
parc naturel
natural reserve

* jardin 「庭園」も類義。大半のフランス人は通常、parc と jardin を区別なく用いている。

▢ **national, nationale / nationaux** [nasjɔnal, o] 形 *national* 国立の、国民の、国家の

国立□□ [1]
une université nationale
a national university
国民□□ [2]
référendum national
national referendum
□□ [3]
un drapeau national
a national flag

◇ **nation** [nasjɔ̃] 女 *nation* 国民、国、国家

国際連合（国連）
Organisation des Nations unies (ONU)
the United Nations (UN)

◇ **nationalité** [nasjɔnalite] 女 *nationality* 国籍

*「あなたの国籍はどちらですか（どこの国の方ですか）」は Quelle est votre nationalité ? / *What is your nationality*? と問いかける。一般的に「日本です」と答えるなら、Je suis japonais(e). / *I'm Japanese.* と応じる。

11

適語選択

下記の語群から①〜⑤の空所に入る適語（和訳色文字箇所）を選択してください。

① La stabilité _____ contribue à l'amélioration économique.

政治的な安定は経済の改善に寄与する。

② Les fonctionnaires sont peu préoccupés par la _____ de l'emploi.

公務員は雇用保障に関する不安がほとんどない。

③ Les représentants du _____ doivent se conformer à cette règle.

政府高官はこの規則を遵守しなければならない。

④ Il est sous _____ pour présenter un plan média d'ici ce soir.

彼は今日の夕方までにマスコミ用の対策案を示すようにと圧力をかけられています。

⑤ Tous ces chiffres sont basés sur les résultats du recensement _____ .

これらの数字はいずれも国勢調査の結果に基づくものです。

＊ recensement（de la population）でも「国勢調査」の意味になる。

選択肢

gouvernement	national	politique
pression	sécurité	

解答・解説　　p.303

語句説明

①〜⑤の定義に適合する単語を選択肢から選んでください。

① quelqu'un qui travaille dans la politique, spécialement quelqu'un qui est élu dans une position de pouvoir

② un gouvernement ou un pays où chacun a un droit égal de choisir ses dirigeants, en votant

③ un mot ou un groupe de mots ayant une signification particulière

④ l'énergie physique ou mentale dont on a besoin pour faire quelque chose

⑤ le fait d'appartenir à un pays particulier

選択肢

démocratie	effort	expression
nationalité	politicien(ne)	

解答・解説　　p.303

006 経済摩擦

friction économique
economic friction

▶フリクション　friction　摩擦筆記具メーカーのシリーズ名になっている。「摩擦を与える（＝擦る）と消える」という意味合いから。

☐ **日韓の経済摩擦は沈静化したのか。**

Les frictions économiques entre le Japon et la Corée du Sud se sont-elles apaisées ?

Has the economic friction between Japan and South Korea subsided?

語源増殖 **eco** ギリシア語「家・家庭・家計」

→ エコノミー économie 囡 / *economy* は「家計、管理（のやりくり）」から「経済」の意味になった（-nomie / *-nomy* は「法・管理」の意味。たとえば autonomie 囡 / *autonomy* は "auto-「自分で」+「管理する"" ことから「自治（権）」の意味になる）。「生物と環境の関係を研究する」生態学 écologie 囡 / *ecology* も同根で「すべての人の家 + 論理」ということ。1866 年にドイツ人ヘッケルが提唱した社会運動の名称（創作語）がそもそもの始まり。

解 答　005 国立公園

1. 国立**大学**　2. 国民**投票**　3. **国旗**

friction économique

☐ **friction** [friksjɔ̃] 囡
friction 摩擦、不和、軋轢

貿易摩擦
friction commerciale
trade friction

国際的摩擦
frictions _____ [1]
international friction

家族の不和（家庭不和）
friction familiale
family friction

☐ **économique** [ekɔnɔmik] 形
economic (*economical*) ① 経済学の、経済上の
② 経済的な

経済成長
_____ [2] économique
economic growth

経済制裁
sanctions économiques
economic sanctions

景気□□ [3]
reprise économique
economic recovery

FA

②の語義なら英語は形容詞 economical を用いる（例：
Elle veut acheter une voiture d'occasion pour des
raisons économiques. / *She wants to buy a used car
for economical reasons.* 「彼女は経済的理由から（お
金がかからないよう）中古車を買いたがっている」）。

007 国際貿易（国際商取引）

commerce international
international commerce

▶インターナショナル **international** ① 国際的　② 社会主義運動の国際組織

▶コマース **commerce** 貿易、取引、通商
cf. Eコマース **e-commerce, electronic commerce** インターネット上で商品の売買を行なう電子商取引

□ 学業を終えたら、<u>国際商取引に関連する仕事に就きたい</u>と思っています。

À la fin de mes études, j'aimerais obtenir un emploi lié au commerce international.

At the end of my studies, I would like to get a job related to international trade.

語源増殖 merce「商品、品物」

→ commerce は com「共に」+ merce「商品」の意味で、物々交換という品物の取引形態から。

■ Mercure 男 / *Mercury* ① マーキュリー（ローマ神話で商人や旅人の守護神、足が速いことでも知られる）　② 水星（天空を他の惑星より速く進むことから）

＊ 小文字の mercure 男 / *mercury* は「水銀 Hg」の意味。「水銀」は動きが素早い液体金属（常温、常圧では凝固しない）。

解答　006 経済摩擦

1. frictions **internationales**　2. **croissance** économique
3. 景気**回復**

commerce international

□ **commerce** [kɔmɛrs] 男
commerce 商業、商売、貿易

商学部
　la _____¹ de commerce
　the Faculty of Commerce.

◇ **commercial, commerciale / commerciaux**
　[kɔmɛrsjal, o] 形
　commercial 商業の、貿易の

商業通信文
　correspondance commerciale
　commercial correspondence

□ **international, internationale / internationaux**
[ɛ̃tɛrnasjɔnal, o] 形
international 国際的な、国家間の

国際通貨基金
　Fonds monétaire international (FMI)
　international Monetary Fund (IMF)

国際緊張
　_____² internationale
　international tension

国際試合
　_____³ international
　international match

国際標準（世界標準）
　standard international
　international standard

＊「日本独自の制度・規制」の対語として使われる「グローバルスタンダード（国際標準）」は和製英語。

17

008 封建社会

société féodale
feudal society

▶フューダリズム　feudalism　封建制度

▶ソサイエティー　society　社会、社交界、協会

☐ 彼の専門は<u>中世時代の封建社会</u>です。

Sa spécialité est la société féodale au Moyen Âge.

His specialty is feudal society in the Middle Ages.

語源増殖 | soci「交わる」

→たとえば PTA（*parent-teacher association*）は「父母と教師とが交わる会」の意味。

■ sociable 形 / *sociable*　社交的な、愛想のよい（← soci + able「適した」）

■ association 囡 / *association*　結合すること、協会、連合

＊ちなみに「サッカー」*soccer* は *association football*「協会式フットボール」が語源。*association* が soc と略され、そこに -er「人」が加えられた造語。

---

　007 国際貿易（国際商取引）

1. a **faculté** de commerce　2. **tension** internationale
3. **match** international

société féodale

□ **société** [sɔsjete] 囡
society 社会、共同体、会社

　□□社会 [1]
　la société de consommation
　the consumer society
　□□□□社会 [2]
　une société capitaliste
　a capitalist society
　キャッシュレス社会
　société sans numéraire
　cashless society

　◇ **social, sociale / sociaux** [sɔsjal, o] 圏
　social 社会の、社会的な、会社の
　社会□□ [3]
　la vie sociale / *the social life*
　社会科学
　les sciences sociales / *social sciences*

□ **féodal, féodale / féodaux** [feɔdal, o] 圏
feudal 封建制の、封建的な

□ フランスの最後の封建制度は革命とともに姿を消した。

Les derniers systèmes féodaux en France ont disparu
avec la Révolution.

The last feudal systems in France disappeared with
the Revolution.

＊「封建君主、領主」は un seigneur féodal / *a feudal
lord* という。

009 時事問題

affaires courantes
current affairs

▶アフェア　**affair**　事件、情事（＝ラブアフェア）

▶カレント　**current**　現在の、流行の
cf. カレントイングリッシュ current English 現代英語、時事英語

☐ **株を扱うには時事問題への目配りが必要です。**

Pour gérer vos actions, vous devez garder un œil sur les affaires courantes.

To manage your stocks, you need to keep an eye on current affairs.

語源増殖 **curr, cour** 「走る、流れる」

→ courant(e) / *current* は「走るような（もの）」「流れている（もの）」のイメージから「現在の、進行中の」という意味へ展開。また、英語のカリキュラム *curriculum* 「教育課程」も「学生が走って通る道」から（フランス語では programme d'études 男 という）。なお、フランス語並びに正式な英語で「履歴書」（大学などでは「業績書」の意味も兼ねる）を指す CV (curriculum vitae) (米語では通常 résumé という) は、ラテン語「人生の行路＝ *personal history*」に由来している。「カリキュラム（教科課程）」もここから生まれた単語。

解 答　008 封建社会

1. **消費**社会　2. **資本主義**社会　3. 社会**生活**

□ **affaire** [afɛr] 女
affair 出来事、事件、(一時的で不純な) 恋愛、浮気

外交問題
affaires _____¹ / foreign affairs

情事、浮気
affaire _____² / love affair

* 見出し語は「(人々が広く関心を持つ) 出来事」を指す。
類義 événement 男 / *event* は「(比較的重大な) 出来
事」、accident 男 / *accident* は「(偶発的で好ましくな
い) 出来事」の意味。incident 男 / *incident* は「(事態
の進行を乱す) 出来事」を指す。

□ **courant, courante** [kurɑ̃, ɑ̃t] 形
current 流通している、現行の、現在の

流動資産
_____³ courant / *current asset*

* 反対語「固定資産」なら actif immobilisé / *fixed asset*
という。

□ 今、ユーロはどれだけの国で現行通貨 (信用紙幣) とし
て採用されていますか。

Combien de pays ont l'euro comme monnaie
courante aujourd'hui ?

How many countries use the euro as their fiat
currency now?

* 英語 *currency* は仏語の monnaie, devise, unité
monétaire に相当する。

révolution de l'information
information revolution

▶インフォメーション　information　情報、報告、案内
▶レボリューション　revolution　革命

□ 情報革命の影響を受けない職業はほとんどない。

Peu de professions sont à l'abri de la révolution de l'information.

Few occupations are immune to the information revolution.

* être à l'abri de qqch「〜を免れる、〜から保護されている」

語源増殖 form「形、形づくる」

→ information〈（人の心の）in「中に」+ form「形づくる」こと〉から「情報、報告」。

■ uniforme 男 / *uniform*　制服〈uni「1つ」の form から〉
* 日本の「学生服」より、欧米で「ユニフォーム」から通常連想されるのは軍人・警官・消防官など。

■ transformer 動 / *transform*　変形する（← trans「超えて」+ form「形づくる」）

解答　009 時事問題

1. affaires **étrangères**　2. affaire **de cœur**　3. **actif** courant

révolution de l'information

☐ **révolution** [revɔlysjɔ̃] 安
revolution ① 革命 ② 公転

産業革命
la révolution _____ [1]
the industrial revolution
☐☐☐革命 [2]
révolution génétique / *genetic revolution*

☐ **1年で地球は太陽の周りを一周する。**

En un an, la Terre fait une révolution autour du Soleil.

In one year, Earth makes one revolution aroud the sun.

＊この語義は盲点になりやすい。

☐ **information** [ɛ̃fɔrmasjɔ̃] 安
information 情報、通知

広報
information publique
public information
☐☐情報 [3]
informations hautement confidentielles
highly confidential information
がせネタ（偽情報）
fausses informations / *fake information*

＊ désinformation 安 / *disinformation* 「偽情報」も類義語。

適文連結

①〜⑤と A 〜 E の文を意味が通じるように結びつけてください。

① Les commentaires du président ont créé

② Il est difficile de reconstruire

③ Tôt ou tard, ces industries artisanales tomberont

④ Notre entreprise fournit

⑤ M. André est une personne considérée comme un atout

A deux uniformes neufs à tous les nouveaux employés.

B des frictions considérables entre les deux managers.

C le commerce local avec ce mauvais plan.

D pour résoudre les problèmes diplomatiques d'un certain pays.

E sous le contrôle de la révolution informatique.

解答・解説 p.303

整序問題

日本語に合うように①～④の［　］内の語句を適当な順に並べ
替えてください。

① 私の同僚は日々の厳しいトレーニングで体質を変えた。

Un de mes collègues a été [un, par, quotidien,
transformé, entraînement] rigoureux.

② もしも通貨が弱体化すれば、私たちの経済状況は一気
に悪化するだろう。

Si la monnaie s'affaiblit, [détériorera, économique,
notre, se, situation] rapidement.

③ 本学で開催予定の国際会議が急遽延期になった。

La conférence [se, qui, tenir, devait,
internationale] dans notre université a été
soudainement reportée.

④ 私たちの社会は多様性を認めつつ、平等なものであって
ほしい。

Je veux que notre [en, soit, tout, société,
égalitaire] reconnaissant la diversité.

解答・解説　p.304

011 個人消費

consommation personnelle
personal consumption

▶パーソナル　**personal**　個人的な

▶コンサンプション　**consumption**　①消費、消耗　②肺病、結核

□ 我々は<u>長期的</u>に個人消費の動向を見守る必要がある。

Nous devons surveiller l'évolution de la consommation personnelle à long terme.

We need to watch the movement of personal consumption in the long run.

語源増殖 **personal**「個人の」が作るカタカナ語

→ person〈per「〜を通して」+ son「声」〉が「人物」の意味なのは、古代ローマの大劇場で拡声器の「声を通して」、演者の「人物」を判別したことから。

■パーソナルコミュニケーション（口コミ）**personal communication**　個人間のコミュニケーションを指す。

＊ mass communication の対義語として知られる。

■パーソナルスペース　**personal space**　心理的な私的空間、他人が近づくと不快な距離のこと。仏語では espace personnel という。

解答　010 情報革命

1. la révolution **industrielle**　2. **遺伝子**革命　3. **極秘**情報

consommation personnelle

□ **consommation** [kɔ̃sɔmasjɔ̃] 囡
consumption 消費

消費税

_____ [1] à la consommation
consumption tax

*「消費税を10%から12%にあげる」なら augmenter
la taxe à la consommation de 10% à 12% / *raise the
consumption tax from 10% to 12%* という。

消費□□ [2]
consommation d'énergie
power consumption

◇ **consommer** [kɔ̃sɔme] 動
consume 消費する

□ <u>ワインを1番消費する</u>国はどこかご存知ですか。

Vous savez quel pays consomme le plus de vin ?

Do you know which country consumes the most
wine?

□ **personnel, personnelle** [pɛrsɔnɛl] 形
personal 個人の、私的な

自己□□ [3]
faillite personnelle
personal bankruptcy

個人認識番号（暗証番号）
numéro d'identification personnel (NIP)
personal identification number (PIN)

012 検疫期間、隔離期間

période de quarantaine
quarantine period

▶ピリオド (ピリオッド)　**period**　時代、期間、終止符

☐ **検疫期間はどれくらいですか。**

Quelle est la durée de la période de quarantaine ?

How long is the quarantine period?

語源増殖 quarantine「(伝染予防のために) 隔離」

→ イタリア語「約 40 日」quarantina (フランス語 quarante
「40」→ quarantaine の「約 40」＝ *about forty* の意味)
に由来、14 世紀、ペスト (黒死病) がらみで船の検疫停泊
期間が 40 日であったことから。

■ système de quarantaine 男 / *quarantine system* 検疫
制度 (検疫システム)

■ agent(e) de quarantaine 名 / *quarantine officer,
healthguard* 検疫官

＊ なお、フランス語 quarantaine は定冠詞を添えて「約 40
歳」の意味にもなる (例：avoir la quarantaine「40 歳ぐ
らいである」)。

解答　011 個人消費

1. **taxe** à la consommation　2. 消費**電力**　3. 自己**破産**

période de quarantaine

. . . .

☐ **période** [perjɔd] 囡 *period* 期間、時代

　☐☐期間 [1]
　　période d'emploi / *period of employment*
　ルネサンス時代
　　la période de la Renaissance（単に la Renaissance と
　　もいう）
　　the Renaissance period

☐ **社員は工場での半年間の試用期間を果たす必要がある。**

　Un employé est tenu de faire une période d'essai de
　six mois à l'usine.

　An employee is required to serve a six-month trial
　period at the factory.

　◇ **périodique** [perjɔdik] 囲
　　periodical 定期的な、周期的な
　定期☐☐☐ [2]
　　publication périodique / *periodical publication*

☐ **quarantaine** [karãtɛn] 團
　quarantine（伝染予防のための）隔離、検疫

　植物検疫
　　quarantaine végétale
　　plant quarantine
　動物検疫
　　quarantaine ＿＿＿＿＿＿ [3]
　　animal quarantine

　＊ 英語 *quarantine* は「隔離する」という動詞でも使う。
　　仏語では mettre en quarantaine という。

013 室内装飾

décoration d'intérieur
interior decoration

▶インテリア **interior** 室内、内部、室内装飾
cf. エクステリア exterior 室外装飾

▶デコレーション **decoration** 装飾、飾り

□ **あの別荘の室内装飾は豪華だ。**

La décoration intérieure de cette villa est magnifique.

The interior decoration of that villa is gorgeous.

語源増殖 ter, terr「土地」

→ inter は語源説明で「間の、相互の」といったニュアンスと
あっさり説明されるが、そもそもは〈in「中に」+ ter「土地」〉
の意味で、たとえば動詞 inter は英語で「(地中に) 埋める」
の意味になる。*interior* は、ラテン語 inter「(土地・場所の)
中に」の比較級で「内陸の、内部の」を意味する。「テラス」
terrasse 囡 / *terrace* はこの延長線上。
ちなみに la mer Méditerranée / *the Mediterranean Sea*「(大
陸の中にある) 地中海」にもしっかり terr が含まれている。
また、souterrain(e) 形 / *subterranean* は「地下」の意味。

| **解答** | 012 検疫機関、隔離期間 |

1. **雇用**期間　2. 定期**刊行物**　3. quarantaine **animale**

☐ **décoration** [dekɔrasjɔ̃] 囡
  decoration 装飾、装飾品、勲章

  クリスマス装飾
    décorations de _____ [1]
    Christmas decorations

  ◇ **décoratif, décorative** [dekɔratif, iv] 形
    decorative 装飾の、装飾用の

  装飾□□ [2]
    arts décoratifs
    decorative arts

  ◇ **décorer** [dekɔre] 動
    decorate（主に建物や部屋などを）飾る

  アパルトマンの内装をする
    décorer _____ [3]
    decorate an apartment

☐ **intérieur, intérieure** [ɛ̃terjœr] 男
  interior 内部、内側、室内（反 extérieur）

☐ **intérieur, intérieure** [ɛ̃terjœr] 形
  interior 内部の、内側の（反 extérieur）

☐ この店の室内（内装）は誰がデザインしたのですか。

  Qui a conçu l'intérieur de cette boutique ?

  Who designed the interior of this shop?

  ＊インテリアデザインは design d'intérieur 男 / *interior design* という。

014 火山活動

activité volcanique
volcanic activity

＊ volcanisme 男 / *volcanism* でも「火山活動、火山現象」の意味になる。

▶アクティビティ　activity　① 活動、活気（特にリゾート地でのさまざまな遊び）　② Facebook における活動全般。

□ **この地域の火山活動は警戒レベル 5 に上がった。**

L'activité volcanique dans cette région a atteint le niveau d'alerte 5.

Volcanic activity in this region has risen to alert level 5.

語源増殖 Vulcun「土地」

→ ローマ神話の「火と鍛冶仕事の神（あるいは「火よけの神」とも呼ばれた）」である Vulcanus ウゥルカーヌス（＝ Vulcan ヴァルカン：ギリシア神話のヘファイストスに相当する）から、「火山」volcan 男 / *volcano*（「気性の激しい人」の意味にもなる）、並びに形容詞「火山の」volcanique / *volcanic* が生まれた。volcanologie 女 / *volcanology* は「火山学」を指し、「火山性地震」なら séisme volcanique 男 / *volcanic earthquake* という。

解答　013 室内装飾

1. décorations de **Noël**　2. 装飾**芸術**
3. décorer **un appartement**

. . . .

☐ **activité** [aktivite] 囡
   activity 活動

   活動☐☐ [1]
     base d'activité
     activity base
   活☐☐ [2]
     un volcan en activité, un volcan actif
     an active volcano

   * なお、「死火山」なら volcan éteint / *extinct volcano*
     という。

☐ **この公共施設は文化活動の重要な拠点となっている。**

   Cet établissement public est un centre important
   des activités culturelles.

   This public establishment is an important center of
   cultural activities.

   * 次ページで扱う acte 男 / *act* は主に「個人の1回の
     行為」を指し、その acte の連続が action 囡 / *action* で、
     「さまざまな出来事や動作の連続」を指す。見出し語
     は action と類義だが、「ある期間に繰り返される活動」
     という意味合いが含まれる。

☐ **volcanique** [vɔlkanik] 形
   volcanic 火山の、火山性の

   (火山の)☐☐ [3]
     eruption volcanique
     volcanic eruption

015 猥褻行為

acte obscène
obscene act

▶アクト　act　行為、動作

□ 先月末、市長は未成年に<u>猥褻行為</u>をしたとして職を辞した。

À la fin du mois dernier, le maire a démissionné pour avoir commis un acte obscène avec un mineur.

At the end of last month, the former mayor resigned because of engaging in an obscene act with a minor.

語源増殖 ob(s)「その方向へ」

→ obscène / *obscene* は〈obs「その方向へ」+ cene「汚れたもの、汚物」〉から。

■ obéir 動 / *obey*　言うことを聞く、従う（← ob「その方向へ」+「耳を傾ける、聞く」）

■ observation 囡 / *observation*　観察、監視（← ob「その方向へ」+「見守る」+（名詞語尾））

■ observatoire 男 / *observatory*　観測所、天文台（←ある方向を見守り、注意を保つ場所〈-oire〉）

解答　014 火山活動

1. 活動**拠点**　2. 活**火山**　3.（火山の）**噴火**

acte obscène

□ **acte** [akt] 男
act 行為、(1回の)行動

犯罪行為
　un acte _____[1]
　a criminal act
不法行為
　un acte _____[2]
　an illegal act
意識的な行為
　un acte _____[3]
　a conscious act

□ **obscène** [ɔpsɛn] 形
obscene 猥褻な、みだらな

□ ある人には芸術であるものが別な人には猥褻なものと
　なることがある。

Ce qui est art pour une personne peut être obscène
pour une autre.

What is art for one person may be obscene for
another.

◇ **obscénité** [ɔpsenite] 女
obscenity 猥褻、猥褻な言葉、猥褻物

＊「卑猥な言葉」はフランス語では langage [mot]
obscène ともいう。英語も同じく *obscene language
[word]* ともいう。「卑語」(猥褻で不快なもの)を指して
gros mot / *dirty word, swear word, cuss word*(米語)
という言い方もある。

適語選択

①～⑤の [ ] 内に入る適当な語句を選択肢から選んでくださ
い。なお、設問の性質上、文頭でも選択肢は小文字になってい
ます。

① Puis-je vous poser [　　　　　　　　　　　] ?

② Quelqu'un a écrit [　　　　　　　] sur les
portes des WC publics.

③ Pendant [　　　　　　　　], cette ville est
presque vide.

④ Chaque année, [　　　　　　　　] causent des
décès.

⑤ [　　　　　　　　　　　] du magasin est
devenue un sujet brûlant dans le monde.

選択肢

des mots obscènes　　　　　la décoration intérieure

la période estivale　　　　　une question personnelle

les éruptions volcaniques

解答・解説　　p.304

共通適語補充

次の①〜⑤それぞれ空欄に共通に入る語を答えてください。その際に、頭の文字は示してあります。

① **f**＿＿＿ commerciale
　 f＿＿＿ familiale
　 f＿＿＿ entre deux pays

② décoration d'**i**＿＿＿
　 commerce **i**＿＿＿
　 homme d'**i**＿＿＿

③ **a**＿＿＿ illégale
　 a＿＿＿ économique
　 volcan en **a**＿＿＿

④ révolution de l'**i**＿＿＿
　 société de l'**i**＿＿＿
　 divulgation d'**i**＿＿＿

⑤ budget du **g**＿＿＿＿
　 dépenses du **g**＿＿＿＿
　 réorganisation du **g**＿＿＿＿

解答・解説　　p.305

016 人口密度

densité de population
population density,
density of population

▶ポピュレーション　**population**　人口
cf. ZPG 運動 (Zero Population Growth Movement) 人口増加ゼロ運動

☐ **世界中で人口密度が 1 番高い都市はどこですか。**

Quelle ville a la plus forte densité de population au
monde ?

Which city has the highest population density in the
world?

語源増殖 popul「人々・民」

→ *populism* は「ポピュリズム＝民の権利優先」の意味なのだ
が、「衆愚政治」という意味合いもある。

- populaire 形 / *popular*　人民の、人気のある (→「流行
  歌」chanson populaire / *popular song*)
- populeux, populeuse 形 / *populous*　人口の多い
- popularité 女 / *popularity*　人気、人望、大衆性

解答　015 猥褻行為

1. un acte **criminel**　2. un acte **illégal**　3. un acte **conscient**

densité de population

☐ **densité** [dãsite] 囡
density 密度、濃密

交通量
　densité du _____ [1]
　traffic density

◇ **dense** [dãs] 形 *dense*（内容物の密度が均等に）
　濃い、（人が）密集した

▶ コンデンスミルク *condensed milk*「濃縮牛乳」と同じ
　語源。

◇ **densément** [dãsemã] 副
　densely（人口密度が）高く、密集して

人口密集□□ [2]
　une zone densément peuplée
　a densely populated area

☐ **population** [pɔpylasjɔ̃] 囡
population（国の）人口、（ある特定内の）人口

世界人口
　population mondiale / *world population*
□□人口 [3]
　population scolaire / *school population*

＊「この都市の人口はどれぐらいですか」は Quelle est
　la population de cette ville ? / *What [How large] is
　the population of this city?* などと問いかける。

FA
「人口爆発」explosion démographique 囡 / *population
explosion* は仏英で言い方が違う。

39

017　消化機能

fonctions digestives
digestive functions

▶ディジェスティフ　**digestif**　食後酒（「消化を助ける」の意味合いから）

▶ファンクション　**function** ① **機能、職分**　② **（数学の）関数**
cf. ファンクションキー *function key* 文字・数字以外の別の機能を持つキー

☐ 夏バテのせいで、彼女の消化機能の低下が著しい。

En raison de la fatigue due à la chaleur estivale, ses fonctions digestives ont considérablement diminué.

Due to fatigue from the summer heat, her digestive functions have declined significantly.

語源増殖 **gérer / gest**「運ぶ」

→ digérer / *digest* 〈di「バラバラに」＋「運ぶ」〉から「塊を分解する」、「消化する」の意味になった。
フランス語の「食前酒」apéritif 男（←食欲増進の酒）の逆、「食後酒」digestif 男 は「消化を促進する酒」から。

■ ingérer 動 / *ingest*　（食物や薬を）摂取する〈←in「中に」＋「運ぶ」〉

解答　016 人口密度

1. densité du **trafic**　2. 人口密集**地域**　3. **就学**人口

fonctions digestives

☐ **fonction** [fɔ̃ksjɔ̃] 囡
function 機能、働き

機能□□ [1]
trouble de la fonction
function disorder

* 「システムの不具合 (故障)」dysfonctionnement du
système 囲 / *system malfunction* といった派生語も
ある。

多機能プリンター (複合機)
imprimante _____ [2]
multifunction printer

☐ **digestif, digestive** [diʒɛstif, iv] 形
digestive 消化の、消化を助ける

消化器系
le _____ [3] digestif
the digestive system

◇ **digestion** [diʒɛstjɔ̃] 囡
digestion 消化、消化作用

☐ **ワインはとても消化にいい。**

Le vin est merveilleux pour la digestion.

Wine is wonderful for the digestion.

* 「消化不良気味である」なら avoir une digestion
difficile / *have a difficult digestion* といった言い方
をするが、「消化不良」そのものなら indigestion 囡 /
indigestion という。

018 世代交代

changement de génération
generational change

＊ generational shift ともいう。

▶ ジェネレーション　generation　世代、時代
cf.1 世代とは子供が親と入れ替わる平均年数で、おおむね 30 〜 32 年とされる

▶ チェンジ　change 変化、野球の攻守交代

□ 世代交代のタイミングを見極めるのは難しい。

Il est difficile de déterminer le moment du changement de génération.

It is difficult to determine the timing of the generational change.

語源増殖 gen「生まれ」

＊「紳士」と訳される *gentleman* は「生まれながらにしかるべき人格を備えた人物」の意味で、学歴や地位、服装などとは関係ない。

■ génie 男 / *genius*　天才、天分〈「生まれつき」のもの〉
■ hydrogène 男 / *hydrogen*　水素〈hydro「水」+ gen「生み出すもの」〉

解答　017 消化機能

1. 機能**不全**　2. imprimante **multifonction**　3. le **système** digestif

changement de génération

☐ **changement** [ʃɑ̃ʒmɑ̃] 男
change 変化、変更

　☐☐変動 [1]
　changement climatique
　climate change
　☐☐変更 [2]
　changement d'adresse
　change of address

　◇ **changer** [ʃɑ̃ʒe] 動
　　change 変える、替える、変化する

　転職する
　　changer ＿＿＿＿＿ [3] / *change jobs*
　売買される（人の手に渡る）
　　changer de propriétaire / *change hands*

　＊上記は「所有者が変わる」が直訳。なお、英語 *change hands* は 仏語 changer de main「手を交互に使う」の意味でも使われる。

☐ **génération** [ʒenerasjɔ̃] 女
generation 世代（の人々）

　代々（続いて）
　　de génération en génération
　　from generation to generation

　FA
　下記の例はフランス語は形容詞、英語は名詞を形容詞化したもの（例：fossé générationnel 男 / *generation gap*「ジェネレーションギャップ」）。

43

019 仮想現実

réalité virtuelle (RV)
virtual reality (VR)

▶ バーチャルリアリティ　virtual reality　仮想現実（目の前の現実とは違う現実の体験）

□ 3D メガネ（立体眼鏡）を使ったバーチャルリアリティ（仮想現実）の体験は本当に魔法のようだった。

L'expérience de la réalité virtuelle avec des lunettes 3D était vraiment magique.

The experience of virtual reality with 3D glasses was truly magical.

語源増殖 real「物としてある」

→ 想像の産物ではなく「実際にそこにある」、嘘ではなく「本当の」という意味合い。

■ 彼の小説は常に現実の生活（実生活）に基づいたものです。

Ses romans sont toujours inspirés de la vie réelle.

His novels are always based on real life.

■ réalisme 男 / *realism*　現実主義、写実主義、実在論

解答　018 世代交代

1. **気候**変動　2. **住所**変更　3. changer **d'emploi**

réalité virtuelle

☐ **réalité** [realite] 囡
  reality 現実

  拡張（強化）現実
    réalité _____[1] (RA)
    augmented reality (AR)

  ＊現実から知覚に与えられる情報にコンピュータの映像
    などをプラスして見せる技術のこと。

☐ **私の夫は時々現実逃避を試みます。**

  Mon mari essaie parfois d'échapper à la réalité.

  My husband sometimes tries to escape reality.

☐ **virtuel, virtuelle** [virtɥɛl] 囲
  virtual 仮想の、ネットワーク上の、実質上の

  仮想□□[2]
    communauté virtuelle
    virtual community

  仮想ペット
    animal virtuel
    virtual pet

  ＊仮想ペットとは、パソコン内で飼育するペット（動物）
    を指す言葉。

  仮想□□[3]
    monnaie virtuelle
    virtual currency

  ＊cryptomonnaie 囡 / *cryptocurrency*〈crypto「暗号」+
    currency「通貨」〉とも呼ばれる。

45

020 公衆道徳

moralité publique
public morality

▶ パブリック **public** 公的な、公共の、広く一般に開かれた

▶ モラリティー **morality** 道徳、道徳性、倫理性
cf. モラリスト moralist 道徳家、人生評論家

□ **そうしたふるまいは公衆道徳に反する。**

De tels actes sont contraires à la moralité publique.

Such deeds are against public morality.

* 英語 public morals も「公衆道徳」の意味。

語源増殖 pub「人々・民」

→イギリスのパブ「居酒屋」は「民の家」*public house* から派生。

■ publicité 囡 / *publicity* 広告、宣伝、コマーシャル（←pub に周知させる）

■ république 囡 / *republic* 共和国（← pub が統帥権を持つ、つまり「国の事物は民衆のもの」: la République で「フランス共和国」）

解答 019 仮想現実

1. réalité **augmentée**　2. 仮想**社会**　3. 仮想**通貨**

moralité publique

☐ **moralité** [mɔralite] 女
morality 道徳、道義性、倫理

☐ 実験に<u>動物を使う</u>ことの道義性がさまざまな場所で議
論されている。

La moralité de l'utilisation d'animaux dans des
expériences est discutée dans divers endroits.

The morality of using animals in experiments is
being discussed in various places.

◇ **morale** [mɔral] 男
morals 教訓、モラル、道徳

モラルの欠如
_____ [1] de morale / *lack of morals*

* 各人が持つ善悪についての考え方を指し、英語は
morals と複数形を用いる。類義の moralité / *morality*
は抽象的な道徳、倫理基準を指す。

☐ **public, publique** [pyblik] 形
public 公衆の、公共の、公開の、公的な

公衆□□ [2]
la santé publique
public health
公開□□ [3]
un débat public
a public debate
公立図書館
une bibliothèque publique
a public library

二者択一

①〜⑤の [　] に入る適当な語句は a,b のいずれか答えてください。

① Mon fils est doué pour échapper à [a : la moralité /
b : la réalité].

② Elle est née deux ans après moi ; nous sommes
donc de la même [a : génération / b : sensabilité].

③ Il y a des gens qui sont épuisés dans le monde réel
et qui fuient dans [a : la réalité virtuelle / b : le
régime féodal].

④ Dhaka, au Bangladesh, est une ville [a : agricole
tempérée / b : à population dense].

⑤ De la bouche à l'anus, divers [a : organes de la
circulation / b : organes digestifs] traversent le
corps comme un seul tube.

解答・解説　　p.305

整序問題

日本語に合うように①～④の [　] 内の語句を適当な順に並べ替えてください。なお、設問の性質上、文頭でも選択肢は小文字になっています。

① この産業部門では、労働人口に対する退職者の割合が著しく増加している。

On constate une nette augmentation du ratio de retraités par [à, active, la, raport, population] dans ce secteur.

② 公共事業の経済効果でこの一帯が活性化するかもしれない。

[des, économique, l'effet, publics, travaux] peut revitaliser cette zone.

③ インドの爆発的な人口増加はこの先どんなプラスやマイナスをもたらすだろうか。

Quels aspects positifs et négatifs [croissance, de, démographique, explosive, la] l'Inde apportera-t-elle à l'avenir ?

④ この厳しい現実に私たちはしっかりと目を向けるべきだ。

Nous devons faire [à, dure, face, cette, réalité].

解答・解説　　p.306

021 地方自治

autonomie locale
local autonomy

▶ ローカル　local　地方の、地元の、ローカル放送の略称

＊ ただし日本語のローカルが持つ「田舎の」というニュアンスはない。

☐ 地方自治は民主主義の学校だと言われている。

On dit que l'autonomie locale est une école de démocratie.

It is said that local autonomy is a school of democracy.

＊「地方自治」を表すのに autonomie régionale / *regional autonomy* という言い方もする。

語源増殖 loc「場所」

→ ロコモーション Locomotion（蒸気機関車）は世界で最初の公共用機関車の名前（1814年）、英国の George Stephenson が命名者とされるが、単語そのものはそれ以前から存在していた。由来は〈loc「場所」+ motion「運動、移動」〉とを掛け合わせたもの。

■ locomotion 動 / *locomotion*　移動（能力）
■ localiser 動 / *locate*　（場所・位置を）突きとめる

解答　020 公衆道徳

1. **manque** de morale　2. 公衆**衛生**　3. 公開**討論**

autonomie locale

☐ **autonomie** [otɔnɔmi] 囡
autonomy ① 自治（権）、自治体 ② 自主性

個人の自主性
　l'autonomie de l'individu
　the autonomy of the individual

◇ **autonome** [otɔnɔm] 形
autonomous, automic ① 自治の ② 自律の

自治区［州］
　une région [un état] autonome
　an autonomous region [state]
自律□□ [1]
　nerf autonome
　autonomic nerve

☐ **local, locale / locaux** [lɔkal, o] 形
local 地方の、地域の

地方□□ [2]
　élection locale / *local election*
地方□ [3]
　taxe locale / *local tax*

＊「国税」は taxe nationale 囡 / *national tax* という。

☐ 地場産業振興のために何をしたらいいのかわからず
にいます。

Nous ne savons pas quoi faire pour la promotion de
l'industrie locale.

We don't know what to do for the promotion of
local industry.

51

022 生産能力（生産力）

capacité de production
production capacity

▶ プロダクション　**production**　生産（物）、番組の製作会社、
　タレント事務所

▶ キャパシティー　**capacity**　収容力、力量、能力、容量
　cf. キャパと略される

☐ 今年、この工場の生産能力は 5％アップした。

Cette année, la capacité de production de cette usine a
augmenté de 5%.

This year, this factory's production capacity rose 5
percent.

語源増殖 | duct, duce「導く」

→「産出する、製作する」*produce* は〈pro「前方に」＋導き〉、
「導入する、紹介する」を意味する *introduce* は〈intro「中
に」＋導き〉、「教育する」*educate* は〈e「外に」＋導く〉とい
う意味。そもそも *education*「教育」は「その子どもの資質、
才能を表に引き出す」ことをいう。

■ conducteur, conductrice 名 / *conductor* 指揮者（〈con「一
緒に」＋導く＋人〉から）

解答　021 地方自治

1. 自律**神経**　2. 地方**選挙**　3. 地方**税**

capacité de production

☐ **capacité** [kapasite] 囡
capacity 能力、容量

☐ **あなたには素晴らしい語学の才があります。**

Vous avez une capacité remarquable pour apprendre des langues.

You have a remarkable capacity for learning languages.

□活量 [1]
capacité pulmonaire
lung capacity

記憶容量
capacité de stockage
storage capacity

＊ディスクなどの記憶可能な量、ストレージ容量と呼ばれる。

☐ **production** [prɔdyksjɔ̃] 囡
production 生産、生産物

生産コスト
_____ [2] de production / *production cost*

現地生産
production _____ [3] / *local production*

◇ **productif, productive** [prɔdyktif, iv] 形
productive 生産の、生産的な

生産力
forces productives / *productive forces*

023 皆既日蝕

éclipse solaire totale
total solar eclipse
* 皆既月食 *total lunar eclipse*

▶ トータル　total ① 全体の、総量の　② 統計、合計

▶ ソーラー　solar　「太陽熱（エネルギー）を利用した」の意味で合成語を作る

▶ エクリプス　eclipse　日蝕、月蝕の「蝕」の意味、転じて「名声」「名誉」を指す

□ 皆既日蝕が次に日本で見られるのは 2035年9月2日です。

La prochaine éclipse solaire totale visible du Japon aura lieu le 2 septembre 2035.

The next total solar eclipse visible in Japan will occur on September 2, 2035.

語源増殖 sol「太陽」

→ 古代ローマの太陽神 Sol から。

■ le système solaire / *the solar system*　太陽系
■ parasol 男 / *parasol*　（フランス語では大型の）日傘　〈 para 「防ぐ」+ sol 〉

　* 携帯用の「（小型の）日傘」はフランス語では ombrelle 女（←日陰 ombre から）と呼ぶ。

解答　022 生産能力（生産力）

1. 肺活量　2. coût de production　3. production locale

☐ **éclipse** [eklips] 囡
eclips （天体）蝕

日 [月] 蝕
  éclipse de Soleil [Lune]
  solar eclipse [moon]

部分蝕
  éclipse _____[1]
  partial eclipse

☐ **solaire** [sɔlɛr] 形
solar 太陽の、太陽から守る

太陽エネルギー
  énergie solaire
  solar energy

太陽□□ [2]
  pile solaire
  solar cell

FA

ただし「日時計」は cadran solaire 男 / *sundial*、「日焼け
止めクリーム」は crème solaire 囡 / *sunscreen* など機械
的には仏英の見出し語を置き換えられない例もある。

☐ **total, totale / totaux** [tɔtal, o] 形
total 総計の、全部の

□□合計 [3]（総額）
  responsabilités totales / *total liabilities*

全費用
  le coût total / *the total cost*

024 金融機関

institution financière
financial institution

▶ ファイナンシャル（フィナンシャル）**financial** 金融に関する、財政上の、会計上の
cf. ファイナンシャルプランナー　資産運用アドバイザー (FP)

▶ インスティテューション　**institution** 制度、施設、協会、機関

☐ 金融機関には他の企業とは異なる法律が適用される。

Les institutions financières sont soumises à des lois différentes des autres entreprises.

Financial institutions are subject to different laws from other companies.

語源増殖 fin「終わり」

→「フィナーレ」finale 男 / *finale* は音楽用語で「終曲」のこと。finance 女 / *finance* が「財政」の意味になるのは「収入と支出の終わり」＝「結末をつける」ことから。形容詞 infini, infinie / *infinite* が「（時間や空間などが）無限の」という意味になるのは〈 in「ない」＋「終わり」〉だから。

解答　023 皆既日食

1. éclipse **partielle**　2. 太陽**電池**　3. **負債**合計

institution financière

☐ **institution** [ɛ̃stitysjɔ̃] 囡
institution 機構、施設、制度、慣習

民間金融機関
institution financière commerciale
commercial financial institution

＊「政府系金融機関」は institution financière
gouvernementale / *government financial institution*。

◇ **institutionnel, institutionelle** [ɛ̃stitysjɔnɛl] 圏
institutional 制度上の

機関投資家
investisseur institutionnel
institutional investor

☐ **financier, financière** [finɑ̃sje, ɛr] 圏
financial 金融の、財政上の

金融□□ [1]
instabilité financière / *financial instability*
金融□□ [2]
marchés financiers / *financial markets*
財政□□ [3]
crise financière / *financial crisis*

◇ **finance** [finɑ̃s] 囡
finance （複数で）財政、（単数で）金融界

公共［地方］財政
finances publiques [locales]
public [local] finances

025 軍事介入

intervention militaire
military intervention

▶ ミリタリー　**military** ① 軍人　② 軍隊の。ラテン語 miles
「兵隊」から

▶ インターベンション　**intervention** [医療] カテーテルを
血管に挿入して行なう治療
cf. 操作、介入の意味で、医療現場で「看護介入」は *nursing intervention* と呼ばれている。

□ 政府はこの状況では軍事介入もやむなしと決定をくだした。

Le gouvernement a décidé qu'une intervention militaire
était inévitable dans cette situation.

The government decided that military intervention was
unavoidable in this situation.

語源増殖 **miles** （ラテン語）「兵士、軍人」

→ militaire 男 / *military* 〈ラテン語 miles「軍人」〉から。「軍国
主義」militarisme 男 / *militarism* も同じ語源。

■ paramilitaire 形 / *paramilitary* 準軍事的な（非合法の自警
団のような組織の）

解答　024 金融機関

1. 金融**不安**　2. 金融**市場**　3. 財政**危機**

intervention militaire

☐ intervention [ɛ̃tɛrvɑ̃sjɔ̃] 囡
intervention 介入、干渉、仲裁

　☐☐介入 [1]
　　intervention de change
　　foreign exchange intervention
　☐☐干渉 [2]
　　intervention dans les affaires intérieures
　　intervention in domestic affairs

　＊ ingérence dans les affaires intérieures 囡/
　　interference in domestic affairs も同義。

　◇ **intervenir** [ɛ̃tɛrvənir] 動
　　intervenue **(dans に) 介入する、調停する**

☐ 日本銀行が為替市場に介入することを決めた。

　La Banque du Japon a décidé d'intervenir sur le
　marché des changes.

　The Bank of Japan decided to intervene in the
　foreign exchange market.

☐ militaire [militɛr] 形
military **軍の、軍隊の**

　軍事力
　　pouvoir militaire
　　military power
　軍事☐☐ [3]
　　gouvernement militaire
　　military government

59

語句説明

①～⑤の定義に適合する単語を選択肢から選んでください。

① le processus de fabrication ou de croissance de quelque chose

② le pouvoir de réaliser ou produire quelque chose

③ état d'un pays qui peut décider ses propres lois

④ disparition momentanée d'un astre

⑤ de ce qui concerne les soldats, la guerre, ou l'armée

選択肢

autonomie	capacité	éclipse
militaire	production	

解答・解説　　p.306

適文連結

①〜⑤とA〜Eの文を意味が通じるように結びつけてください。

① J'ai l'impression que les interventions de change

② Mon fils, passionné d'astronomie, attendait

③ Cela fait longtemps que des inquiétudes n'ont pas été exprimées

④ La situation financière de l'entreprise est stable

⑤ Cette tâche ardue dépassait

A　avec impatience le jour de l'éclipse.

B　clairement ses capacités.

C　de la Banque du Japon ne mènent jamais à rien.

D　même en cette période de récession.

E　quant à la baisse de la production annuelle de riz.

解答・解説　　p.306

026 斜陽産業

industrie en déclin
declining indutry

▶ インダストリー **industry** 工業、産業（界）

▶ デクラインベンチプレス **decline bench press** 頭が下にくる斜角プレスのこと

□ **斜陽産業に公的資金を投入するのは困難だ。**

Il est difficile d'investir des fonds publics dans une industrie en déclin.

It is difficult to invest public funds in the declining industry.

語源増殖 clin, clim「傾く、曲がる」

→ *reclining seat* は「傾く椅子」のこと。フランス語では siège inclinable 男 という。clim も「傾く」の意味。クライマックス climax 男 / *climax* は「最高潮、絶頂」のことだが、これは「斜めになったもの（たとえば「梯子」）を登っていった最後の段」から来ている。見出し語 déclin / *decline* は〈 de「下に」＋「傾く、曲がる」〉の意味合い。

解答 025 軍事介入

1. **為替**介入　2. **内政**干渉　3. 軍事**政権**

industrie en déclin

□ **industrie** [ɛ̃dystri] 囡
industry 産業、工業

□□産業 [1]
industrie clef
key industry

重[軽]工業
industrie lourde [légère]
heavy [light] industry

◇ **industiel, industrielle** [ɛ̃dystrijɛl] 形
industrial 工業の、産業の

産業□□ [2]
infrastructures industrielles
industrial infrastructure

産業廃棄物
＿＿＿＿＿ [3] industriels
industrial waste

□ **déclin** [deklɛ̃] 男
decline 衰え、下り坂、(日の)傾き

ローマ帝国の衰亡
le déclin de l'empire romain
the decline of the Roman empire

◇ **décliner** [dekline] 動
decline 衰える、下り坂になる

□ 彼の健康状態は徐々に衰えつつある。

Sa santé décline lentement.

His health is slowly declining.

027 自然淘汰

sélection naturelle
natural selection

▶ ナチュラル　**natural**　自然な

▶ セレクション　**selection**　選ぶこと、選択、えりすぐったもの

□ **自然淘汰は進化を説明する基本の着眼です。**

La sélection naturelle est un élément fondamental pour expliquer l'évolution.

Natural selection is a fundamental focus to explain evolution.

語源増殖 | lect, leg「選ぶ、集める」

→ 動詞 sélectionner / *select*、名詞 sélection 囡 / *selection* は「（たくさんの中から最適なものを）選び出す（こと）」、collection 囡 / *collection* は「集めること」から「収集」の意味。また intelligence 囡 / *intelligence* は「たくさんの中から取捨選択できる力」を指し「知性、頭のよさ」の意味になる。ただし、「集めずにほっておく」と négliger / *neglect*「怠る、おろそかにする」となる。

解答　026 斜陽産業

1. **基幹**産業　2. 産業**基盤**　3. **déchets** industriels

☐ **sélection** [selɛksjɔ̃] 囡
selection （最も優秀なものの）選択、淘汰

無作為の選択（ランダムセレクション）
　sélection aléatoire
　random selection
選考☐☐☐ [1]
　comité de sélection
　selection committee

◇ **sélectionner** [selɛksjɔne] 動
select （最適のものを）選択する

☐ 面接で 10 人の志願者をふるいにかけた。

On a sélectionné 10 candidats pour une entrevue.

We selected 10 candidates for an interview.

☐ **naturel, naturelle** [natyrɛl] 形
natural 自然の、天然の、生来の

自然科学
　_____ [2] naturelles
　natural sciences
天敵
　_____ [3] naturel
　natural enemy

☐ 日本は天然資源に恵まれていない。

Le Japon n'est pas riche en ressources naturelles.

Japan is not rich in natural resources.

028 少数意見

opinion minoritaire
minority opinion

▶ マイノリティ **minority** 少数派、少数民族
cf. マジョリティ majority 多数派

▶ オピニオン **opinion** 意見、世論

☐ 数の論理ではなく、**少数意見に耳を傾けることが大切だ。**

Il est important d'écouter l'opinion minoritaire, pas la logique des nombres.

It is important to listen to the minority opinion, not the logic of numbers.

語源増殖 min「小さな」

→「ミニスカート」*miniskirt* や算数の「引き算、減法」minus（マイナス）でイメージしやすいように min は「小さな」の意味。反対語は max という。なお、「微細な」なら micro（反対は macro）となる。

■ minute 囡 / *minute* 分（小さな時間、時間を小さく分けたもの）
■ miniature 囡 / *miniature* ミニチュア（模型）

解答　027 自然淘汰

1. 選考**委員会**　2. **sciences** naturelles　3. **ennemi** naturel

opinion minoritaire

□ **opinion** [ɔpinjɔ̃] 囡
opinion 意見、見解

世論
opinion _____ [1]
public opinion

＊「世論を操作する」は contrôler l'opinion publique /
control public opinion、「世論調査」は sondage
d'opinion 團, enquête d'opinion publique 囡 /
opinion poll, public opinion survey という。

□ **minoritaire** [minɔritɛr] 形
minority 少数の、少数派の（[反] **majoritaire**）

□ <u>私たちのグループは少数派だ。</u>

Notre groupe est minoritaire.

Our group is a minority.
＊ Notre groupe est en minorité. といった言い方もできる。

◇ **minorité** [minɔrite] 囡
minority 少数、少数派

性的マイノリティ
minorité _____ [2]
sexual minority
人種的マイノリティ
minorité _____ [3]
racial minority

029 設備投資、資本投資

investissement en capital
capital investment

▶ キャピタル **capital** ① 資本 ② 大文字（= capital letter）
③ 首都

▶ インベストメント **investment** 投資（金）

□ 必要な設備投資に積極的な企業は間違いなく成長する。

Les entreprises qui sont agressives dans les
investissements en capital nécessaires vont
certainement croître.

Companies that are aggressive in making necessary
capital investments will definitely grow.

語源増殖 cap, chap「頭」

→ chapeau 男 / *cap* は「頭にかぶるもの」、capitaine 男 /
captain は「船長、（チームの）キャプテン」は「頭」となる人。
名詞 capital は、商売を始める「頭金」の意味なら「資本」、
国の「頭」のことなら「首都」、文頭に置かれるなら「大文
字」の意味になる。ただし、「首都」「大文字」はフランス語は
capitale 女 となる。

解答 028 少数意見

1. opinion **publique** 2. minorité **sexuelle** 3. minorité **raciale**

investissement en capital

☐ **investissement** [ɛ̃vɛstismɑ̃] 男
investment 投資

投資銀行
_____[1] d'investissement
investment bank
☐☐物件投資[2]
investissement immobilier locatif
rental property investment

◇ **investir** [ɛ̃vɛstir] 動
invest 投資する (faire un investissement)

☐ 長年、彼は手もとの金を石油に投資してきた。

Pendant de nombreuses années, il a investi son argent dans le pétrole.

For many years he invested his money in oil.

☐ **capital / capitaux** [kapital] 男
capital 資本、資産

金融資本
capital _____[3]
financial capital
資本利得 (キャピタルゲイン)
les gains en capital
capital gains

＊「資産収益」「資産売価益」などとも訳される。

030 劣等意識

complexe d'infériorité
inferiority complex

▶ インフェリオリティーコンプレックス　inferiority complex
劣等感

＊日本ではこれをコンプレックスと略しているが（英語では
コンプレックス1語を「劣等感」の意味では用いない、
精神医学では「劣等複合」と訳され、日常的な「劣等感」
は略式 sentiment d'infériorité 男 / *sense [feeling] of
inferiority* といった言い方をする。対義語はシュ（ス）ペ
リオリティーコンプレックス *superiority complex* と仮名
書きされる。

□ 学歴に関する劣等意識はなかなか払拭できない。

Le complexe d'infériorité concernant les antécédents
scolaires ne peut pas être facilement dissipé.

The inferiority complex regarding educational
background cannot be easily dispelled.

語源増殖 plex「編む、折重ねる」
→〈com「共に」+ plex「編み、折重ねる」〉と「複雑」になる。

■ complexion / *complexion* 女 体質、顔色（体液が重なり合っ
て「体質」が作られるとの考えから）

解答　029 設備投資、資本投資

1. **banque** d'investissement　2. **賃貸**物件投資
3. capital **financier**

complexe d'infériorité

☐ **complexe** [kɔ̃plɛks] 男
complex ① コンプレックス ② 複雑なもの、複合施設

エディプスコンプレックス
complexe _____[1]
Oedipus complex

複合形映画館
complexe cinématographique
cinema complex

レジャー複合施設
un complexe _____[2]
a leisure complex

石油化学コンビナート
complexe pétrochimique
petrochemical complex

◇ **complexe** [kɔ̃plɛks] 形
complex 複雑な、こみ入った（[同] compliqué）

こみ入った問題 [状況]
un _____[3] [une situation] complexe
a complex problem [situation]

☐ **infériorité** [ɛ̃ferjɔrite] 女
inferiority 劣っていること、劣等（感）

☐ **劣等感と優越感は実は紙一重の違いだ。**

La limite qui sépare infériorité et supériorité est en
fait bien mince.

Inferiority and superiority are actually only separated
by a fine line.

二者択一

①〜⑤の [　] に入る適当な語句は a,b のいずれか答えてください。

① Peu de politiciens écoutent l'opinion [a : majoritaire / b : minoritaire].

② Les pensées négatives et les complexes [a : d'infériorité / b: de supériorité] conduisent souvent à la maladie mentale.

③ « Industrie [a : en déclin / b : en pente] » et « industrie en croissance » sont des antonymes.

④ La [a : destruction de la nature / b : sélection naturelle] méritocratique est la norme dans cette entreprise.

⑤ Mon oncle a [a : un joli capital / b : un poids considérable] en immeubles.

解答・解説　　p.307

整序問題

日本語に合うように①~④の [　　] 内の語句を適当な順に並べ替えてください。

① 言うまでもなく、不動産物件投資は慎重に行なうべきです。

Il va [dire, immoblier, l'investissement, que, sans] doit être fait avec prudence.

② この機械は、複雑な工学システムに基づいて作動します。

Cette machine fonctionne sur la
[d'un, base, complexe, système, d'ingénierie].

③ 海底には豊富な天然資源が眠っていると言われています。

On dit que [sous, dorment, naturelles, ressources, d'abondantes] la mer.

④ 陪審員は志願者の中から最初の選択を行なった。

Le jury a fait une
[les, parmi, première, candidats, sélection].

解答・解説　　p.307

73

transport maritime
marine transport [transportation]

* sea shipping も類義。

▶マリン　**marine** ① 海、海の　② アメリカ海兵隊

▶トランスポート　**transport**　人や物を運ぶこと、輸送、移送

* 動詞ならトランスポートがアクセント位置。

□ **海上輸送の安全を確保することは海での最大の課題だ。**

Assurer la sécurité du transport maritime est le plus grand défi en mer.

Ensuring the safety of marine transport is the biggest challenge at sea.

語源増殖 port「運ぶ」

→ disport〈dis「別の場所へ」+ 運ぶ〉の di が省かれ「スポーツ」sport という語は生まれた。つまり、「日常の仕事などのしがらみを逃れ」、心を別の場所へ「運ぶ」のが *sport* のそもそもの意味。

■ transporter 動 / *transport*　運送する、輸送する（← trans「向こう側へ」+ port「運ぶ」）

■ portable 形 / *portable*　持ち運ぶことができる（← port「運ぶ」+ able「できる」）

解答　030 劣等意識

1. complexe **d'œdipe**　2. un complexe **de loisirs**
3. un **problème** complexe

- **transport** [trãspɔr] 男
  tranport, tansportation 輸送、運搬、交通機関

  輸送力
    capacité de transport
    transport capacity

  (公共の) 交通機関
    transport _____[1], transport en commun
    public transport

  空輸 (航空運送)
    transport aérien / *air transport*

  * 上記はイギリス英語、米語なら transport の代わりに
    transportation を用いる。たとえば、「救急搬送」なら
    transport ambulancie / *ambulance transportation* と
    なる。

- **maritime** [maritim] 形
  marine 海上の、海に近い

  海上 (船舶) 交通
    le trafic maritime / *ship traffic*
  海上保険
    _____[2] maritime / *marine insurance*

  ◇ **marin, marine** [marɛ̃, in] 形
    marine 海の

  海産物
    produits marins / *marine products*
  海流
    un _____[3] marin / *a sea current*

032 環境汚染

pollution environnementale
pollution de l'environnement
environmental pollution

▶エンバイロメント（インバイロメント） **environment** 環境
〈人に影響を及ぼす viron「円」の中にいる状態〉

▶ポリューション **pollution** 汚染（特に、公害による汚染）

□ 環境汚染は異常気象の主要な原因となっている。

La pollution environnementale est une cause majeure
d'événements météorologiques extrêmes.

Environmental pollution is a major cause of extreme
weather events.

語源増殖 lut「（泥で）汚す」

■ pollution 囡 / *pollution* 汚染（←pol「すっかり」+ lut「汚
す」こと＝「汚れ」）

■ ablution 囡 / *ablution*（宗教的な）沐浴（←ab「取り去る」
+ lut「汚す」こと＝「汚れ」）

＊ 英語で *ablutions* と複数にすれば具体性を帯びて「清浄、
体（顔や手）を洗うこと」の意味になる。

解答　031 海上輸送

1. transport **public**　2. **assurance** maritime
3. un **courant** marin

pollution environnementale
pollution de l'environnement

☐ **pollution** [pɔlysjɔ̃] 囡
pollution (環境) 汚染、公害

☐☐汚染 [1]
pollution atmosphérique
atmospheric pollution

海洋汚染
pollution marine / *marine pollution*

☐ **environnemental, environnementale /**
environnementaux [ɑ̃virɔnmɑ̃tal, -o] 形
environmental 環境の

環境☐☐ [2]
protection environnementale
environmental protection

環境災害
désastre environnemental
environmental disaster.

☐ **environnement** [ɑ̃virɔnmɑ̃] 男
environment 環境

☐☐環境 [3]
l'environnement mondial
the global environment

* 見出し語は「周囲の状況・人や事物を含めて、気持ち
や考えに影響する自然環境や生活環境」を指す。類義
circonstance 囡 / *circumstance* は、社会性を帯び「人
を制約する周囲の状況」を指し、「ムード、雰囲気とし
ての環境」なら atmosphère 囡 / *atmosphere* を使う。

033 補正予算

budget supplémentaire
supplementary budget

＊budget rectificatif / *additional budget*「追加予算」ともいう。

▶バジェット　**budget**　予算（案）

＊そもそもは「書類カバン」の意味だが英国の蔵相が予算
書をカバンに入れていたことから。

□ **この災害に対処するために、ただちに補正予算を組む必要
がある。**

Un budget supplémentaire doit être mis en place
immédiatement pour faire face à cette catastrophe.

A supplementary budget must be set up immediately
to deal with this disaster.

語源増殖 ple(t)「満たす」

→「（栄養）補助食品」を意味するサプリメント *supplement* を
分解すると〈sup「追加、添加」+「満たすこと」〉となる。

■ complet, complète 形 / *complete* 完全な、完璧な（←
com「十分に」+「満たす」）

解答　032 環境汚染

1. **大気**汚染　2. 環境**保護**　3. **地球**環境

budget supplémentaire

☐ **budget** [bydʒɛ] 男
   budget 予算

   ☐☐予算 [1]
     budget extraordinaire
     extraordinary budget
   家計
     budget familial [domestique]
     family budget

☐ あの部署はまた予算超過した。

   Ce département a de nouveau dépassé son budget.

   That department was over budget again.

☐ **supplémentaire** [syplemãtɛr] 形
   supplementary, supplemental 補足の、追加の

   栄養補助食品 (サプリメント)
     _____ [2] supplémentaire
     supplementary [supplemental] food
   追試験
     _____ [3] complémentaire
     supplementary [supplemental] examination

   ＊ supplemental は supplementary と同義だが、米語で
     使われることが多い。

   (国会) 附帯決議
     résolution supplémentaire
     supplemental resolution

034 行政改革

réformes administratives
administrative reforms

▶アドミニストレーション　**administration**　経営、管理、支配、行政

▶リフォーム　**reform**　① (政治制度・社会制度の) 改良、改革　② 流行遅れの服の手直し　③ 改築

＊②、③は和製英語。英語では② *remake* ③ *remodel*,
renovation を用いる。

☐ 日本の行政改革は亀の歩みさながら遅々として進まない。

Les réformes administratives du Japon sont lentes, tout comme les pas d'une tortue.

Japan's administrative reforms are slow, just like the steps of a turtle.

語源増殖 form「形」

→ ユニフォーム uniforme 男 / *uniform* は「形が〈1つ〉uni に決まる」、つまり「同型の服」の意味。また、voiture (de) formule 女 / *formula car* はカーレース用の「決まった形 (型) をした車」をいう。

■ information 女 / *information*　情報 (←人の頭の in「中に」＋ form「(イメージの) 形」ができる)

解答　033 補正予算

1. **臨時**予算　2. **nourriture** supplémentaire
3. **examen** complémentaire

80

réformes administratives

☐ **réforme** [reform] 囡 *reform* 改革、改善

税制改革
réforme _____ 1
tax reform

教育改革
réforme de l'enseignement
educational reform

FA 16世紀の「宗教改革」は la Réforme / *the Reformation* と仏英で違う。

◇ **réformer** [reforme] 動
reform 改革する、改良する

法律を改正する
réformer la loi
reform the law

☐ **administratif, administrative** [administratif, iv] 形
administrative 行政の、管理の

行政機関
_____ 2 administratif
administrative body [organ]

行政指導
conseil administratif
administrative guidance

◇ **administration** [administrasjɔ̃] 囡
administration 行政、管理

図書館管理
administration de la _____ 3
library administration

035 （資金の）不正送金

transfert illégal de fonds
illegal transfer of funds

▶イリーガル　**illegal**　違法な、不正な

▶トランスファー　**transfer**　移動、移転、乗り換え、四輪駆動車の部品

▶ファンド　**fund**　基金、資金、投資信託

□ インターネットを介した<u>不正送金</u>の被害は急速に拡大している。

Les dommages causés par les transferts illégaux de fonds via Internet augmentent rapidement.

The damage caused by illegal transfers of funds via the Internet is increasing rapidly.

語源増殖 fund, found「基、底」

→ ファンデーション foundation 囡 / *foundation* は「根底、土台」のこと、化粧で用いても同じこと。何事も「金（かね）」が「基本の基」、よって fonds 团 / *fund* は「資金、基金」のこと。

■ fondateur, fondatrice 囝 / *founder* 創立者、創設者、（会社などの）発起人

解答　034 行政改革

1. réforme **fiscale**　2. **organe** administratif
3. administration de la **bibliothèque**

transfert illégal de fonds

☐ **transfert** [trãsfɛr] 男
   transfer 移動、転送、名義変更

☐ この時期、**サッカー選手の移籍が盛んに行なわれる**。

   Il y a beaucoup de transferts de footballeurs
   pendant cette période.

   There is a lot of transfers of football players during
   this period.

☐ **illégal, illégale / illégaux** [ilegal, o] 形
   illegal 違法の、不法の

   違法薬物
   _____[1] illégale
   illegal drug
   不法就労者
   _____[2] illégal
   illegal worker

☐ **fonds** [fɔ̃] 男
   fund （多くは複数で）資金、基金

   政治資金
   fonds _____[3]
   political fund
   年金基金
   fonds de pension
   pension fund

適語選択

下記の選択肢から①〜⑤の空所に入る適語を選択してください。
なお、設問の性質上、文頭でも選択肢は小文字になっています。

① La plupart des employés utilisent ＿＿＿＿＿＿ en commun pour se déplacer.

② Cette entreprise ne semble pas offrir ＿＿＿＿＿＿ de travail confortable à ses employés.

③ ＿＿＿＿＿＿ de l'enseignement dans notre pays est une priorité absolue.

④ Les services bancaires en ligne ont réduit le coût ＿＿＿＿＿＿ d'argent.

⑤ ＿＿＿＿＿＿ de l'eau est devenue un problème sérieux pour la région.

選択肢

| des transferts | la pollution | la réforme |
| les transports | un environnement | |

解答・解説　　p.308

適文連結

①〜⑤とA〜Eの文を意味が通じるように結びつけてください。

① Ne pensez-vous pas que les politiques

② Il y a un commerce ouvert

③ Il est rare que notre entreprise dispose

④ Notre mission est

⑤ On manque

A de drogues illégales dans ce coin.

B de protéger l'environnement naturel de ce village.

C de l'administration actuelle sont favorables aux entreprises ?

D d'informations sur cet accident médical.

E d'un budget généreux pour de nouveaux projets.

解答・解説　　p.308

036 実験動物

animaux de laboratoire
laboratory animals

*「実験用マウス」は souris de laboratoire / *laboratory mice* という。

▶ラボラトリー **laboratry** 実験室、研究室、試験場

▶アニマル **animal** 動物、動物的な人

□ 実験動物はとても人の役に立っている。

Les animaux de laboratoire sont très utiles pour les humains.

Laboratory animals are very useful for humans.

語源増殖 anim「息」

→ anima はラテン語「魂、命」の意味だが、animal はそこから「命が吹き込まれ、息をするもの」という展開、転じて「心、元気」の意味合いも派生。

- unanime 形 / *unanimous* 全員同意見の（← un「1つ」+「心」→皆が1つの心）
- magnanime 形 / *magnanimous* 寛大な（←心、度量の + magna「大きい」）
- animation 女 / *animation* 活気、アニメーション（←「息を吹き込む」+「状態」→生命・活気をあたえられた状態）

解答 035（資金の）不正送金

1. **drogue** illégale 2. **travailleur** illégal 3. fonds **politiques**

animaux de laboratoire

☐ **animal / animaux** [animal, o] 男
animal 動物

動植物
　plantes et animaux
　plants and animals
動物性☐☐☐☐☐ [1]
　protéines animales
　animal protein

＊上記の例は animal, animale 形 / *animal* として用いられたケース。

◇ **animer** [anime] 動
animate 活気づける

☐ **若者たちによるコンサートが地域社会を活性化した。**

Un concert de jeunes a animé la communauté.

A concert by young people animated the community.

☐ **laboratoire** [labɔratwar] 男
laboratory 実験室、(化学) 研究所

＊英仏ともに labo と略して使われる。

研究室の備品
　_____ [2] de laboratoire
　laboratory equipment
実験用ラット (ネズミ)
　un _____ [3] de laboratoire
　a laboratory rat

037 首脳会談（会議）

conférence au sommet
summit conference

＊ sommet / *summit* だけでも「首脳会談」の意味で使われる。

▶サミット **summit** 予算（案）① 頂上　② 代表者会議
　③ Summit 主要先進国首脳会議

▶コンファレンス **conference** 会議、協議会
　cf. カンファレンス *conference* 医療スタッフによる症例検討会

☐ **首脳会談は領有権の定義をめぐって同意に達することができなかった。**

La conférence au sommet n'a pas réussi à s'accorder sur la définition de souveraineté.

The summit conference could not manage to agree on the definition of sovereignty.

語源増殖 fer「運ぶ」

→ フェリー *ferry (ferryboat)* は「連絡船」だが、これは「運ぶ」という意味から派生。自動車や車両を運ぶ大型船は *car ferry* と呼ばれる。

■ conférence 囡 / *conference* 会議（←con「共に、互いに」＋ 話を fer「持ち寄る」）

■ offre 囡 / *offer* 申し出、提供（← of「（相手に）向かって」＋ fer「運ぶ、差し出す」こと）

解答　036 実験動物

1. 動物性**タンパク質**　2. **équipement** de laboratoire
3. un **rat** de laboratoire

conférence au sommet

□ **conférence** [kɔ̃ferɑ̃s] 女
   conference 会議、協議（会）

   国際会議
   conférence ＿＿＿＿＿＿ [1]
   international conference
   □□会議 [2]
   conférence de la paix
   peace conference

   FA
   フランス語は見出し語を「講演」の意味でも使う（例：「講堂」salle de conférence 女 / *lecture hall [room]*）。

□ **sommet** [sɔmɛ] 男
   summit 山頂、首脳（トップ）会談

   山頂（山の頂上）
   le sommet de ＿＿＿＿＿＿ [3]
   the summit [top] of the mountain

   ＊sommet / *summit* だけでも「山の頂、山頂」の意味になる。

□ **2000 年開催の G8（先進国首脳会議）九州・沖縄サミットはいまだ記憶に新しい。**

   Le Sommet du G8 de Kyushu Okinawa tenu en 2000 est encore frais dans notre mémoire.

   The G8 Kyushu Okinawa Summit held in 2000 is still fresh in our memory.

038 運動神経

les nerfs moteurs
the motor nerves

▶モーター　**motor** 何かに動きを与えたり、運動させるもの、発動機

▶ナーブ　**nerve** 神経、大胆、勇気
cf. ナーバス　*nervous* 神経質な、神経過敏な〈そもそもはドイツ語 Neurose（ノイローゼ）から〉

□ **あなたの運動神経は転倒したことで損傷を受けました。**

Vos nerfs moteurs ont été endommagés par votre chute.

Your motor nerves have been damaged by your fall.

＊体や内臓の筋肉の動きを指令するために信号を伝える神経の総称。もし「彼は運動神経がよい」といった言い回しなら Il a de bons réflexes. / *He has good reflexes.* といった言い方をする。

語源増殖 mot, mob, mov「動く、動かす」

→ *motor* は〈mot「動く」+ or「～する人・もの」〉から文字通り「動かすもの」の意味。

- motif 男 / *motive*（人にある行動を起こさせる）動機、理由
- promotion 女 / *promotion* 昇進、進級（←pro「前方へ」+「動かす」こと）

解答　037 首脳会談（会議）

1. conférence **internationale**　2. **講和（平和）会議**
3. le sommet de **la montagne**

les nerfs moteurs

☐ **nerf** [nɛr] 男 *nerve* 神経

☐ 彼女のコメントが<u>息子の癇</u>にさわった。
<small>かん</small>

Son commentaire a tapé sur les nerfs de mon fils.

Her comment got on my son's nerves.

◇ **nerveux, nerveuse** [nɛrvø, øz] 形
nervous 神経の、神経質な

神経□□ [1]
centres nerveux
nerve centers

神経病
_____ [2] nerveuse
nervous disease

FA
「神経細胞」は cellule nerveuse / *nerve cell* と呼ばれる。
neurone 男 / *neuron*「神経単位（ニューロン）」も類義語。

☐ **moteur** [mɔtœr] 男 *motor* モーター、発動機

（インターネットの）検索エンジン
moteur de recherche
search engine

＊ただし、見ての通りこの英仏は似ていない。

◇ **moteur, motrice** [mɔtœr, tris] 形
motive, motor ① 運動を与える ② 運動を伝える
運動□□ [3]
troubles moteurs / *motor troubles*

91

039 希望退職

retraite volontaire
voluntary retirement

▶ ボランタリー **voluntary** 自発的な、自由意志から出た

▶ リタイアメント **retirement** 退職、引退
cf. リタイア *retire* ①引退、退職 ②競技における棄権

☐ **あの有名チェーン店で希望退職を広く推進するとの噂が**
立っている。

Il y a des rumeurs selon lesquelles la célèbre chaîne de magasins fait largement la promotion de la retraite volontaire.

There are rumors that the famous chain store is widely promoting voluntary retirement.

語源増殖 re「うしろに」

→ re は多様な意味を持つ接頭辞だが、見出し語 retaite 囡 / *retirement*は〈 身体を re「うしろに」+「引く」〉から生まれた単語。

語源増殖 vol「（欲する、望む）意志」

→ " こうしたいと望む「意志」に関する " 単語なので、volontaire / *voluntary* で「自発的な」の意味。英語で「その意志に従事する人物」が *volunteer*「ボランティア」となる。ただし、フランス語では bénévole（←「良い意志」=「有志」）を用いる（volontaire を名詞として使うこともある）。

解答 038 運動神経

1. 神経**中枢** 2. **maladie** nerveuse 3. 運動**障害**

☐ **retraite** [rətrɛt] 囡
retirement 退職、引退

　☐☐退職 [1]
　　retraite pleine
　　full retirement
　定年を延長する
　　repousser l'âge de la retraite
　　push back the retirement age

　* prolonger la période de travail / *extend the working
　　period* などとしても類義になる。

　☐☐退職する [2]
　　prendre une retraite anticipée
　　take early retirement

　* 動詞 se retirer / *retire* は「(任期を満了して) 辞める」、
　　quitter / *quit* は「(自分の意思で) 辞める」、résigner /
　　resign は「(役職などを) 辞任、辞職する」の意味になる。

☐ **volontaire** [vɔlɔ̃tɛr] 囲
voluntary 自分の意志による、自発的な

　高齢者のためのボランティア・サービス (奉仕活動)
　　un service volontaire pour les personnes âgées
　　a voluntary service for the aged
　自己☐☐ [3]
　　faillite volontaire
　　voluntary bankruptcy

040 近代五種（競技）

le pentathlon moderne
the modern pentathlon

▶モダン　**modern**　現代的であること、今風でしゃれていること

▶ペンタスロン　**pentathlon**　５種競技〈 penta- ギリシア語源の数字の接頭辞 〉

□ **近代五種（競技）で知られた**日本人アスリートはまだいない。

Il n'y a pas encore d'athlètes japonais connus pour le pentathlon moderne.

There are no Japanese athletes known for the modern pentathlon yet.

語源増殖 athlon「競技」

→「トライアスロン」le triathlon / *the triathlon* は〈 tri「３つ」（水泳・自転車・ランニング）+ athlon「競技」〉から。「走る、跳ぶ、投げる」を競い「キング・オブ・アスリート」を目指す「（男子）１０種競技」は le décathlon / *the decathlon* と呼ばれ、「７種」で行なわれる女子のそれは l'heptathlon / *heptathlon* と呼ばれる。
なお、La Pentateuque / *The Pentateuch* は「モーセ五書」と称される旧約聖書の最初の５巻のこと。

解答	039 希望退職

1. **満期**退職　2. **早期**退職する　3. 自己**破産**

le pentathlon moderne
....

☐ **pentathlon** [pɛ̃tatlɔ̃] 男
pentathlon 5種競技（フェンシング・馬術・射撃・ランニング・水泳）〈**pent**「（ギリシア語で）5つ」+ **athlon**「競技」〉

◇ **pentagone** [pɛ̃tagɔn] *pentagon* 男 5角形

アメリカ国防省（ペンタゴン）
le Pentagone
the Pentagon

☐ **moderne** [mɔdɛrn] 形
modern 現代の、近代の

現代科学
_____[1] moderne
modern science

現代芸術（モダンアート）
_____[2] moderne
modern art

近代史
_____[3] moderne
modern history

* 「古代史」histoire ancienne / *ancient history*、「中世史」histoire médiévale / *medieval history* に対して用いる。なお、類義の contemporain, contemporaine / *contemporary* は「今、まさに生きている時代の」という感覚で使われれる形容詞であるのに対して、moderne / *modern* は「古い時代」との対比での「新しい時代の＝現代の」を意味する単語。

語句説明

①～⑤の定義に適合する単語を選択肢から選んでください。

① une pièce ou un bâtiment dans lequel un travail scientifique est effectué

② une très petite partie du corps comme un fil qui transporte des sensations et des messages vers et depuis le cerveau

③ figure géométrique qui a cinq côtés et cinq angles

④ la période de la vie d'une personne après qu'elle a cessé de travailler parce qu'elle est âgée

⑤ une réunion de personnes pour savoir ce qu'elles pensent d'un sujet

---

選択肢

conférence	laboratoire	nerf
pentagone	retraite	

解答・解説 p.309

共通適語補充

次の①〜⑤それぞれ空欄に共通に入る語を答えてください。その際に、頭の文字は示してあります。

① vie **m**＿＿＿＿
　 médecine **m**＿＿＿＿
　 pentathlon **m**＿＿＿＿

② limitation **v**＿＿＿＿ des exportations
　 fermeture **v**＿＿＿＿
　 faillite **v**＿＿＿＿

③ entrée **i**＿＿**e**
　 stationnement **i**＿＿＿
　 immigrant **i**＿＿＿

④ **f**＿＿ environnemental
　 f＿＿ de secours
　 f＿＿ politiques

⑤ **p**＿＿＿＿ sonore
　 p＿＿＿＿ marine
　 maladie liée à la **p**＿＿＿＿

| 解答・解説 | p.309 |

041 憲法改正

amendement constitutionnel
constitutional amendment

▶コンスティテューション　**constitution**　① 構造　② 国体、政体　③ 憲法

□ **憲法改正の機運が徐々に盛り上がっています。**

L'élan en faveur d'un amendement constitutionnel s'accélère progressivement.

The momentum for constitutional amendment is gradually rising.

語源増殖 | stitute「立つ」

→ constituer / *constitute* は〈con「一緒に」＋ 立つ、立ち上げる〉から「構成する、設立する」の意味。国を「構成 (設立) するものが」constitution ＝「憲法」となる。これに「反」を意味する anti を添えて副詞にすると、「憲法に違反して」anticonstitutionellement というかつてフランス語で一番長いスペリング (医学や科学の合成語・複合語を除く) とされた 25 文字の単語になる。ただし、現在では「政府間調整 (管理化)」という語義の 27 文字 intergouvernementalisations にその栄誉を奪われた。ただ、法律の専門用語なのでこれを認めるのは不適とするのがフランス大使館のコメント。

解答　040 近代五種 (競技)

1. **science** moderne　2. **art** moderne　3. **histoire** moderne

amendement constitutionnel

☐ **amendement** [amãdmã] 男
amendment （法案の）修正、改正

原案の改正
amendement au projet de loi initial
amendment to the original bill

＊「（法律などの）改正」には révision 女 / *revision* という語も使われる。

◇ **amender** [amãde] 動 **amend** （法案を）修正する

☐ **憲法を改正するには国民投票が必須です。**

Un référendum national est nécessaire pour
amender la constitution.

A national referendum is necessary to amend the
constitution.

☐ **constitutionnel, constitutionnelle** [kõstitysjɔnɛl] 形
constitutional 憲法の、合憲の

憲法学
_____[1] constitutionnel / *constitutional law*
立憲政治（立憲政体）
_____[2] constitutionnel
constitutional government

◇ **constitution** [kõstitysjõ] 女
constitution 構成、憲法
□□□憲法[3]
La Constitution du Japon
The Constitution of Japan

99

042 健康診断（身体検査）

examen médical, examen physique
medical examination ［英］,
physical checkup ［米］

▶メディカル　**medical**　医学の、医療の

. . . .

▶エグザミネーション　**examination**　試験、検査

. . . .

▶フィジカル　**physical**　肉体的、体の

＊カタカナ語ではメディカルチェックという言い方をする
が英語では *checkup* が正しい。なお英語 *a physical
examination* とすると「体格検査」という意味合いになる。

□ 父は健康診断が苦手です。

Mon père n'aime pas les examens médicaux.

My father doesn't like medical exams.

語源増殖 medi(c)「癒す、治療する」

→ médecine 囡 / *medicine* は「医学」（←「治療する」+ ine「技
術」：英語 *medicine* は「（副作用のない）薬」の意味になる
が、仏語は médicament 男 を使う）、remède 男 / *remedy*
は（← re「元の」健康状態へと + medy「治療する」から）、
「（軽い病気の）治療（法）」の意味になる。

. . . .

解 答　041 憲法改正

1. **droit** constitutionnel　2. **gouvernement** constitutionnel
3. **日本国**憲法

examen médical, examen physique

□ examen [ɛgzamɛ̃] 男
examination, exam ① 診断、調査 ② 試験

□□検査 [1]
examen de la vue / *eye test*
入学試験
examen d'entrée / *entrance examination*

◇ **examiner** [ɛgzamine] 動
examine 検査する、(病人を) 診察する

診察してもらう
se faire examiner / *have oneself examined*

□ médical, médicale / médicaux [medikal, o] 形
medical 医学の、医療の

医学
la science médicale / *medical science*
診断書
_____ [2] médical / *medical certificate*

□ physique [fizik] 形
physical ① 身体の、肉体的な ② 物理の、物質の

肉体美
_____ [3] physique
physical beauty
体力測定
test de condition physique
physical fitness test
物理的現象
un phénomène physique
a physical phenomenon

043 文化遺産

héritage culturel
cultural heritage

* *cultural asset* という言い方もする。

▶ヘリテージ **heritage** 遺産、相続財産

☐ **360 度広がるこの雄大な自然は世界の文化遺産に名を連ねている。**

Cette zone de nature majestueuse qui s'étend à 360 degrés est nommée dans l'héritage culturel du monde.

This area of majestic nature that extends 360 degrees is named in the cultural heritage of the world.

語源増殖 **heir, her**「相続人」

→ ラテン語 hērēs「相続人」(→ héritier, héritière 名 / *heir*) から。

■ hérédité 囡 / *heredity* 遺伝、世襲 (←「相続されるもの」の意味。ちなみに 見出し語の héritage / *heritage* は「相続するもの」=「遺産」)。

語源増殖 **cult**「耕作する」

→ culture 囡 / *culture* は「土地を耕作する」から「精神を耕す」→「文化・教養」という流れ。

■ agriculture 囡 / *agriculture* 農業、農作業 (← agri「畑」)
■ horticulture 囡 / *horticulture* 園芸 (← horti「庭」)

解答　042 健康診断 (身体検査)

1. **視力**検査　2. **certificat** médical　3. **beauté** physique

héritage culturel

□ **héritage** [eritaʒ] 男
heritage （文化的・歴史的）遺産、相続財産

□ **これは祖父の遺産です。**

C'est l'héritage de mon grand-père.

This is my grandfather's heritage.

FA
「世界遺産」は英語では *the world heritage* だが、仏語
は le patrimoine mondial という。

◇ **hériter** [erite] 動
inherit 相続する、受け継ぐ

不動産を相続する
hériter d'un immeuble
inherit real estate

□ **culturel, curturelle** [kyltyrɛl] 形
cultural 文化の、教養の

文化□□ [1]
échange culturel
cultural exchange
文化□□□ [2]
personne de mérite culturel
person of cultural merit
文化的□□ [3]
une différence culturelle
a cultural difference

＊ たとえばシャワーだけですませて、「湯船につからな
い」のもちょっとした文化的差異と言えそうだ。

044 万有引力

gravitation universelle
universal gravitation

▶ユニバーサル　universal　宇宙の、一般の、普段の

☐ 潮の動き（満ち引き）は万有引力によって説明される。

Le mouvement des marées s'explique par la gravitation universelle.

The movement of the tides is explained by the universal gravitation.

語源増殖 uni「単一」

→ 和製英語「ユニットバス」unit bath（英語では *bath module* などという）は壁・天井・浴槽・床といったパーツが1つになって製造された浴室のこと。「天体全体が1つとなっている空間」＝「宇宙、森羅万象」になるのが univers 男 / *universe* という語、英語 *unicorn* は伝説上の動物「一角獣」（← corn は「角」）を指す。ただし、フランス語は licorne 女 となる。イタリア語 alicorno 経由で〈a〉が脱落したため。

解答　043 文化遺産

1. 文化**交流**　2. 文化**功労者**　3. 文化的**差異**

gravitation universelle

☐ **gravitation** [gravitasjɔ̃] 囡
gravitation （物体同士の）引力、重力

◇ **gravité** [gravite] 囡　**gravity** （地球の）重力

* gravitation と gravité を仏和辞書の訳語を通じて機
械的に置き換え可能と判断すると誤文を生む。たと
えば「物体を落下させる力は "重力" である」なら前
者は不適切。La force qui fait tomber les objets est
la gravité. / *The force which makes objects fall is
gravity.* とする。gravité / *gravity* は加速度（運動の要
因）を指し、「重力」というより本来は「落下性」とでも
訳すべき語彙だからだ。

☐ **universel, universelle** [ynivɛrsɛl] 圏
universal　一般的な、宇宙の、世界の、

　☐☐☐ [1]
　bus série universel, bus universel en série
　universal serial bus

* コンピュータに周辺機器を接続する際に用いられる
データ送信規格のひとつ。

ユニバーサルデザイン
　_____ [2] universelle / *universal design*

* 年齢、能力に関係なく万人に適合するデザイン。

◇ **univers** [ynivɛr] 围
universe　宇宙、全世界

☐☐宇宙（膨張する宇宙）[3]
univers en expansion / *expanding universe*

045 宗教哲学

philosophie de la religion
philosophy of religion,
religious philosophy

▶フィロソフィー **philosophy** 哲学

▶レリジョン **religion** 宗教

□ **宗教哲学とは何なのか。**

Qu'est-ce que la philosophie de la religion ?

What is the philosophy of religion?

語源増殖 phil「〜を愛する」

→ *philosophy*「哲学」(明治時代、西周の訳から) はその語源から「愛智」とする訳も考えられた。〈ギリシア語「知」sophy +「愛する」philos 〉に由来する単語であるからだ。

- philanthropie 囡 / *philanthropy* 博愛 (← anthropie「人類」を愛する)
- philologie 囡 / *philology* 文献学 (← logie「学問・言葉」を愛する)
- bibliophile 图 / *bibliophile* (珍書などの)愛書家 (←biblio「本」を愛する人)
- hémophilie 囡 / *hemophilia* 血友病 (← hémo「血」を愛する病)

解答　044 万有引力

1. **USB** (ユニバーサル・シリアル・バス)
2. **conception** universelle　3. **膨張**宇宙

philosophie de la religion

□ **philosophie** [filɔzɔfi] 囡
philosophy 哲学、人生観

□ 彼女の人生哲学はできるだけ誠実に生きることにある
ようだ。

Sa philosophie de vie semble être de vivre le plus
honnêtement possible.

Her philosophy of life seems to be to live as honestly
as possible.

◇ **philosophique** [filɔzɔfik] 厖
philosophic, philosophical 哲学の、哲学的な

哲学的な議論
une _____[1] philosophique
a philosophic discussion

□ **religion** [rəliʒjɔ̃] 囡
religion 宗教

□□宗教 [2]
nouvelle religion
new religion
（16 世紀の）宗教□□ [3]
guerres de Religion
Wars of Religion

◇ **religieux, religieuse** [rəliʒjø, øz] 厖
religious 宗教の

宗教的自由
liberté de religion / *religious freedom*

適語句選択

下記の選択肢から①〜⑤の空所に入る適語を選択してください。

① À l'avenir, je veux étudier la science et la technologie pour _____.

② Elle va _____ pour devenir infirmière.

③ Les politiciens veulent-ils vraiment _____ _____ ?

④ Cette municipalité vise à _____ avec Le Caire cette année.

⑤ Ils ne semblent pas comprendre ce que signifie _____ des grands hommes.

選択肢

amender la constitution

avoir des échanges culturels formels

explorer l'univers

passer l'examen de certification

penser à la lumière des philosophies

解答・解説　　p.309

整序問題

日本語に合うように①〜④の [　　] 内の語句を適当な順に並べ替えてください。

① 信仰の自由は大事だが、新興宗教の盲信は危険を孕んでいる。

La [de, est, liberté, religion, importante], mais la foi aveugle dans les nouvelles religions est pleine de dangers.

② 万有引力が発見される前は、石が落下するのは石を構成する土が大地へ戻ろうとするためだと考えられていた。

Avant la [universelle, la, gravitation, découverte, de], on pensait que les pierres tombaient parce que le sol qui les compose essayait de retourner au sol.

③ 昔、あの富豪の一族には壮絶な相続争いがあった。

Il y a longtemps, il y a eu [un, dans, féroce, conflit, d'héritage] cette famille riche.

④ 農業が先細りしていく国の末路は実に惨めなものだ。

Le [à, d'un, pays, destin, l'agriculture] en déclin est vraiment misérable.

解答・解説　　p.310

046　選挙活動（運動）

campagne électorale
election campaign

＊ *canvass*「（投票依頼などの）選挙活動」という語もある。

▶エレクション　election　選挙

▶キャンペーン　campaign　政治的社会的な目的を持った組織的な運動

＊ エレクションキャンペーン *election campaign* で「選挙運動」の意味。

□ 日本の選挙活動で一番重要な部分は有権者との固い握手だと言われている。

On dit que la partie la plus importante des campagnes électorales au Japon est une poignée de main ferme avec les électeurs.

It is said that the most important part of election campaigns in Japan is a firm handshake with voters.

語源増殖　camp「平野」←キャンプの語源でもある

→ *campaign* は「（街頭での）カンパ」につながっている語で、語源的にはカンパネラすなわちヨーロッパ中世の都市における市会議事堂の大鐘に由来し，その合図で市民は武器をとって立ったという。それが英語のキャンペーン *campaign* に通じ、選挙運動や平和運動などに広く用いられることになる。

解答　045 宗教哲学

1. une **discussion** philosophique　2. **新興**宗教
3.（16世紀の）宗教**戦争**

campagne électorale

□ **campagne** [kɑ̃paɲ] 女
campaign (政治的・社会的) キャンペーン、運動

プレスキャンペーン
campagne de presse
press campaign

FA

campagne は「田舎、平原」の意味でも使われる（例：à la campagne / *in the countryside*「田舎で (に)」）。

□ **électoral, électrorale / électraux** [elɛktɔral, o] 形
electoral 選挙 (人) の

選挙人□□ [1]
liste électorale
electoral roll

* なお、英語には *elective*「選挙の」という形容詞も あるが見出し語 *election campaign* のように名詞 *election* を形容詞的に使うケースが多い。

◇ **élection** [elɛksjɔ̃] 女
election 選挙

□選挙 [2]
élections générales
general elections

□□□選挙 [3]
élections présidentielles
presidential elections

047 核爆弾、原子爆弾

bombe nucléaire
nuclear bomb

＊ bombe atomique / *atomic [atom] bomb, A-bomb* ともいう。

▶ボム　**bomb**　爆弾（誤って「ボンブ」の読みもある）

▶ニュークリア　**nuclear**　核兵器の、原子核の
cf. アトミックボム　*atomic bomb*　原子爆弾（アトムボムも同義）

□ 第2次世界大戦中、日本は<u>アメリカから核爆弾で2度の</u>攻撃を受けた。

Pendant la Seconde Guerre mondiale, le Japon a été attaqué deux fois par les États-Unis avec des bombes nucléaires.

During World War II, Japan was attacked twice by the United States with nuclear bombs.

語源増殖 bomb, bump　蜂の「ブーン」という擬音

→ 語源に照らした「ブーン」よりも、もっと大きめの「ドカーン」の方が応用が利く。英語の *bomb*「爆弾」、*bumper*「（車の）バンパー」、*boom*「（大砲などの）とどろき、にわか景気、ブーム」などにつながるからだ。

解　答　046 選挙活動（運動）

1. 選挙人**名簿**　2. 総選挙　3. **大統領**選挙

bombe nucléaire

······················

☐ **bombe** [bɔ̃b] 囡 *bomb* 爆弾

☐☐爆弾 [1]
bombe à retardement
time bomb

不発弾
bombe non explosée
unexploded bomb

＊「不発弾 (爆弾) 処理」は neutralisation des bombes
囡 / *bomb disposal* という。

☐ **nucléaire** [nykleɛr] 围 *nuclear* 核の、原子核の

核☐☐ [2]
test nucléaire
nuclear test
核☐☐☐ [3]
déchets nucléaires
nuclear waste
原子炉
réacteur nucléaire
nuclear reactor

☐ **コンピュータはさらに高度な核兵器の設計を可能にした。**

Les ordinateurs ont rendu possible la conception
d'armes nucléaires plus avancées.

Computers made possible the design of more
advanced nuclear weapons.

048 言語能力

compétence linguistique
linguistic competence

▶リングイスティックス　linguistics　言語学

▶コンピタンス（コンピテンス）　competence　能力、力量

□ 言語能力はチョムスキーが生成文法で用いた概念だ。

La compétence linguistique est un concept que Chomsky a utilisé dans sa grammaire générative.

Linguistic competence is a concept that Chomsky used in his generative grammar.

＊ 見出し語は、個人に内在化された言語の音体系と文構造の知識を意味する。たとえば、「イルカの言語能力（証明できる能力）」capacité linguistique des dauphins / *language ability of dolphins* などとは捉え方が違う。

語源増殖 lingu「舌」

→ lingusitique / *linguistic* は「言語（舌）を使う人に関すること」から。bilingue 图 / *bilingual* は「2枚舌」ではなく「2ヶ国語を自由に話す人」のこと。ちなみに「2枚舌を使う」なら parler avec une langue fourchue / *speak with a forked tongue* という。

解答　047 核爆弾、原子爆弾

1. **時限**爆弾　2. 核**実験**　3. 核**廃棄物**

compétence linguistique

□ **compétence** [kɔ̃petɑ̃s] 囡 *competence* （特定分野で適切に判断、処理する）能力、有能さ

（特に外国語での）伝達能力
compétence communicative
communicative competence

能力□□ [1]
évaluation des compétences
competence assessment

◇ **compétent, compétente** [kɔ̃petɑ̃, ɑ̃t] 形
competent 有能な、適任の

□ 彼女にはこの仕事は向かない。

Elle n'est pas compétente pour cette tâche.

She isn't competent for this task.

◇ **linguistique** [lɛ̃gɥistik] 形
linguistic 言語の、言語学の

言語□□□ [2]
géographie linguistique
linguistic geography

アジアの言語地図
atlas linguistique de l'Asie
linguistic atlas of Asia

◇ **linguistique** [lɛ̃gɥistik] 男
linguistics 言語学

□□言語学 [3]
linguistique comparée / *comparative linguistics*

observations météorologiques
meteorological observations

* *weather observation* ともいう。

▶オブザベーション　observation　観察、監視

▶ミティオロロジカルサテライト　meteorological satellite
気象衛星

□ 兄は幼い頃から東京郊外で気象観測をしている。

Mon frère aîné fait des observations météorologiques
dans la banlieue de Tokyo depuis qu'il est jeune.

My older brother has been doing meteorological
observations in suburban Tokyo since he was young.

語源増殖 meteo「空中高く上げられた」

→「天気予報」météo 囡 はmétéorologie 囡 / *meteorology*「気
象学」の略語。「流星」météore 團 / *meteor* はラテン語経
由でそもそもは「大気現象」を意味していた。
なお、フランス語で男性・女性どちらの性でも使われる
météorite 團（ときに 囡）/ *meteorite* は「隕石」の意味。

解答　048 言語能力

1. 能力評価　2. 言語地理学　3. 比較言語学

observations météorologiques

. . . .

☐ **observation** [ɔpsɛrvasjɔ̃] 囡
observation 観察、観測

（空港などの）展望☐☐☐ [1]
  pont d'observation
  observation deck
（気象）観測衛星
  _____ [2] d'observation
  observation satellite

◇ **observer** [ɔpsɛrve] 動
observe 観察する、注視する

☐ その星座がどう動くのか<u>観察してみてください</u>。

Observez comment la constellation se déplace, s'il vous plaît.

Please observe how the constellation moves.

☐ **météorologique** [meteɔrɔlɔʒik] 形
meteorological, weather 気象（学）の

気象台
  observatoire météorologique
  meteorological observatory
天気☐☐ [3]
  bulletin météorologique / *weather forecast*

＊ただし、仏語で「天気予報」のことは météo 囡（＝ prévisions [bulletin] de la météo）という。

050 同時通訳

interprétation simultanée
simultaneous interpretation

＊ フランス語も英語も「同時通訳」を traduction simultanée /
simultaneous translation とも表現できる。ただし、厳密
には英語 *simultaneous translation* は「書き言葉の通訳
＝翻訳」の意味合いで、見出し語は「話し言葉の通訳」の
意味になる。

▶ インタープリテンション　**interpretation**　通訳、解釈

□ **同時通訳は神業であるように思える。**

L'interprétation simultanée semble être une œuvre
divine.

Simultaneous interpretation seems to be a divine work.

語源増殖 simul「同時に」

→ simultané, simultanée / *simoultaneous* は「同時の、
同時に存在する」の意味で、équations simultanées /
simultaneous equations なら、同時に成立する複数の方程
式、つまり「連立方程式」のこと。

解答　049 気象観測

1.（空港などの）展望**デッキ**　2. **satellite** d'observation
3. 天気**予報**

interprétation simultanée

□ **interprétation** [ɛ̃tɛrpretasjɔ̃] 女
interpretation 解釈、説明、通訳

解釈の相違
_____[1] d'interprétation
difference of interpretation
夢判断（夢占い）
interprétation des _____[2]
interpretation of dreams

* ちなみに、情報関連の用語だが compilation 女 /
compilation という語は、プログラム言語（高級言語）
をマシン言語（機械語）に変換、訳すことを言う。

◇ **interpréter** [ɛ̃tɛrprete] 動
interpret 解釈する、説明する、通訳をつとめる

□ **彼女は私の言葉を曲解した。**

Elle a mal interprété mes paroles.

She misinterpreted my words.

□ **simultané, simultanée** [simyltane] 形
simultaneous 同時の

同時□□□[3]
un interprète simultané, une interprète simultanée
a simultaneous interpreter
同日選挙
élection simultanée
simultaneous election

不適切語選択

①〜⑤で意味をなさない語句（通常は使われない言い回し）は
A 〜 C のどれか答えてください。

① A affiches électorales
B campagne électorale
C habitudes électorales

② A abri nucléaire
B développement nucléaire
C volcan nucléaire

③ A alerte météologique
B satellite météologique
C valeur météologique

④ A énucléation simultanée
B figure simultanée
C traduction simultanée

⑤ A avoir de la compétence
B laisser tomber des bombes
C lancer une campagne antinucléaire

解答・解説　　p.310

整序問題

日本語に合うように①～④の [　　] 内の語句を適当な順に並べ替えてください。

① AI の発達で、今後同時通訳という特殊技能が意味を持たなくなるかもしれない。

Avec le développement de l'IA, la [compétence, de, l'interprétation, particulière, simultanée] pourrait perdre son sens à l'avenir.

② 選挙活動中は必死でも、当選すると途端に態度が変わる議員が大勢いる。

Nombreux sont les législateurs qui, même s'ils sont [campagnes, des, désespérés, électorales, lors], changent d'attitude dès qu'ils sont élus.

③ 福島の原発事故を思い出すたびに電力不足を軽々しく口にする人たちをつい疎ましく思ってしまう。

Chaque fois que je pense [nucléaire, l'accident, Fukushima, de, à], je suis désolé pour les gens qui parlent négligemment de pénuries d'électricité.

④ 最先端の機器を搭載した気象衛星のせいで精度の高い予報が可能になってきた。

Des [de, d'équipements, équipés, météorologiques, satellites] pointe ont rendu possible des prévisions précises.

解答・解説　　p.311

121

littérature contemporaine
contemporary literature

▶コンテンポラリー **contemporary** 同時代の、現代の〈**con**「共に」+ **tempor**「時間」→「時代を共にする」から〉
cf. ちなみに、コンテンポラリーダンスはフランス語の danse contemporaine を英訳したもの

▶リテラチャー **literature** 文学（**研究**）、文芸

□ この恋愛小説は現代文学の傑作です。

Ce roman d'amour est un chef-d'œuvre de la littérature contemporaine.

This romance novel is a masterpiece of contemporary literature.

語源増殖 **tempor / temp**「時間」

→音楽テンポ *tempo*「一定時間にリズムの流れる速度」のこと。

■ temporaire 形 / *temporary* 一時的な、臨時の（時間的に少しの間）

■ temporel, temporelle 形 / *temporal* 時間の、つかの間の

■ tempête 女 / *tempest* 嵐、暴風雨（時節に吹く風→嵐の季節）

解答   050 同時通訳

1. **divergence** [**différence**] d'interprétation
2. interprétation des **rêves** 3. 同時**通訳者**

littérature contemporaine
··

☐ **littérature** [literatyr] 囡
literature 文学、文献

フランス文学
littérature ＿＿＿＿＿[1]
French literature

比較文学
littérature ＿＿＿＿＿[2]
comparative literature

◇ **littéral, littérale / littéraux** [literal, o] 形
literal 文字通りの、逐語的な

言葉の文字通りの意味で
au sens littéral du mot
in the literal sense of the word

◇ **littéraire** [literɛr] 形
literary 文学の、文学的な

文学作品
une ＿＿＿＿＿[3] littéraire / *a literary work*

文学史
histoire littéraire / *literary history*

☐ **contemporain, contemporaine** [kɔ̃tãpɔrɛ̃, ɛn] 形
contemporary 現代の、同時代の

☐ ヴェルレーヌとマラルメは<u>同時代人</u>だ。

Verlaine et Mallarmé sont contemporains.

Verlaine and Mallarmé are contemporaries.

052 電子署名

signature électronique
electronic signature

▶エレクトロニック **electronic** 電子の、電子工学の（名詞を伴って使う）
cf. エレクトロニック・メール「電子メール」、エレクトロニック・バンキング「（オンライン上の）銀行のサービス業務」

▶シグネチャー（シグナチャー） **signature** 署名、サイン、（音楽）譜表の初めの調子、拍子の指示記号

☐ 電子署名の時代なのに、私はあえて新しい印鑑を買いました。

Même à l'ère des signatures électroniques, j'ai osé acheter un nouveau sceau.

Even in the era of electronic signatures, I dared to buy a new seal.

語源増殖 sign「印（しるし）」

→ 中軽井沢にある蕎麦屋で sign book（これは和製英語）を見せてもらったことがある。「有名人」の色紙をまとめたものだった。*autograph book* が自然だと話したら、店主は「印」象的な笑みを浮かべた。

■ signifier 動 / *signify*（印としてそれを）象徴する、意味する
■ résigner 動 / *resign*（職を）辞する（←「雇用契約書の署名」を取り消すという意味から）

解答 051 現代文学

1. littérature **française**　2. littérature **comparée**
3. une **œuvre** littéraire

signature électronique

- **signature** [siɲatyr] 囡
  signature 署名、(契約書などの) サイン

- **法律が施行されるには大統領の署名が必要です。**

  La signature du président est nécessaire pour que la loi entre en vigueur.

  The president's signature is necessary for the law to come into effect.

  * 著名人の「(色紙などへの) サイン」なら autographe 團 / *autograph* という。

- **électronique** [elɛktrɔnik] 圏
  electronic 電子の、電子工学の

  電子マネー
  _____[1] électronique
  electronic money

  電子出版
  _____[2] électronique
  electronic publishing

  ◇ **électrique** [elɛktrik] 圏
  electric, électorical 電気の、電動の

  電力
  _____[3] électrique
  electric power

  電気工学
  ingénierie électrique
  electrical engineering

053 有毒物質

substance toxique
toxic substance

＊英語 *poisonous substances*「有害物質」も類義。

▶**トキシック　toxic　有害な**
cf. トキシック・マスキュリニティ　*toxic masculinity*　有害な男性らしさ（「男は男らしく」というプレッシャー、時代錯誤なイメージ）

▶**サブスタンス　substance　物質、実質、（哲学）実体**

□ **あの工場は数年前から有毒物質を排出している。**

Cette usine émet des substances toxiques depuis plusieurs années.

That factory has been emitting toxic substances for several years.

語源増殖 tox「（生物起源の）毒」

→古代ギリシアの「弓」に塗った「毒」が語源。そう知ると、おどろおどろしい感じがしてくる。クロトキシン crotoxine 囡 / *crotoxin* は「ガラガラ蛇の毒」、テトロドトキシン téronodoxine 囡 / *tetronodoxin* は「フグ毒」。toxicologie 囡 / *toxicology* は「毒物学」、否定語をそえて non toxique / *nontoxic, nontoxic* なら「無毒な、非中毒の」の意味になる。

解答 052 電子署名

1. **monnaie** électronique　2. **édition** électronique
3. **énergie** électrique

☐ **substance** [sypstãs] 囡
substance 物質、薬物、実質、中身

☐☐薬物（物質）[1]
substance illégale
illegal substance

◇ **substantiel, substantielle** [sypstãsjɛl] 形
substantial 実質的な、内容のある

内容のある☐☐ [2]
argument substantiel
substantial argument

☐ 私たちは事実上（大筋で）合意に達した。

Nous sommes parvenu(e)s à un accord substantiel.

We reached a substantial agreement.

☐ **toxique** [tɔksik] 形
toxic 有毒な

有毒廃棄物
déchet toxique
toxic waste

有毒ガス
_____ [3] toxiques
toxic fumes

＊「有毒ガス」は gaz toxique / *poison [poisonous] gas*
ともいう。なお、toxicomanie 囡 / *toxicomania* は「薬
物（麻薬）中毒」を指す単語。

054 記念式典（追悼式）

cérémonie commémorative
commemorative ceremony

* commémoration / *commemoration* という語もある。

▶セレモニー　ceremony　儀式、式典

□この夏の記念式典には市長と議長が臨席されます。

Le maire et le président seront également présents à la
cérémonie commémorative cet été.

The mayor and chairman will also be present at the
commemorative ceremony this summer.

語源増殖 ceremony「神聖」

→ *ceremony* の語源は「（宗教的な）聖なる儀式」の意味で、
ローマ人が儀式・習慣を学んだとされる古代エトルリア（イ
タリア半島中部）の主要都市 Caere「カエレ」が語源ではな
いかと目されている。
なお、前置詞を添えて sans cérémonie / *without ceremony*
ならば「もったいをつけずに、打ち解けて（ただし、英語は
「ぶしつけに、さっさと」といった意味にもなる）」となる。

解答　053 有毒物質

1. **違法**薬物（物質）　2. 内容のある**議論**　3. **fumées** toxiques

☐ **cérémonie** [seremɔni] 囡
ceremony 儀式、典礼

　□□式 [1]
　cérémonie de remise des diplômes
　graduation ceremony

　茶道（茶の湯）
　cérémonie du thé
　tea ceremony

　うやうやしく、盛大に
　en (grande) cérémonie
　with great ceremony

　◇ **cérémonieux, cérémonieuse** [seremɔnjø, øz] 围
　ceremonious 儀式ぶった、形式を重んじた

　堅苦しい歓迎
　un accueil cérémonieux
　a ceremonious welcome

☐ **commémoratif, commémorative** [kɔmemɔratif, iv]
围 *commemorative* 記念の

　記念切手
　un ＿＿＿＿＿ [2] commémoratif
　a commemorative stamp

　◇ **commémoration** [kɔmemɔrasjɔ̃] 囡
　commemoration 記念、記念式典

　勝利を祝して
　en commémoration de la ＿＿＿＿＿ [3]
　in commemoration of the victory

055 人種差別

discrimination raciale
racial discrimination

▶レイシャル **racial** 人種の、人種に関する。
cf. レイシャルハラスメント *racial harassment* 人種的偏見に基づく嫌がらせ

▶ディスクリミネーション **discrimination** 差別、区別

□ 人種差別がいまだに根強い地域は多い。

Il existe encore de nombreux domaines où la discrimination raciale est profondément enracinée.

There are still many areas where racial discrimination is deeply rooted.

語源増殖 race「種族、人種」→イタリア語 razza から

→見出し語は「偏見から人種的に優劣をつけ差別的な態度をとること」あるいは「人種差別的な嫌がらせ」という意味合い。racisme 男 / *racism*「人種差別」も類義だが、これは「(否定的な固定観念としての)人種差別(主義)、敵意」を指す。「人種差別主義者」なら raciste 名 / *racist* という。

解 答 054 記念式典(追悼式)

1. 卒業式　2. un **timbre** commémoratif
3. en commémoration de la **victoire**

discrimination raciale
. . . .

☐ **discrimination** [diskriminasjɔ̃] 囡
discrimination (性・人種・年齢などへの) 差別、区別

性差別
discrimination _____[1] / *gender discrimination*

* 性差別を正当化する「性差別主義」は sexisme 男 /
sexism という。

◇ **discriminer** [diskrimine] 動 *discriminate* 区別
する、識別する (= **faire la différence**)

☐ **この AI (人工知能) は善と悪を見分けられますか。**

Cette intelligence artificielle peut-elle discriminer le
bien du mal ?

Can this artificial intelligence discriminate good from
bad and bad?

☐ **racial, raciale / raciaux** [rasjal, -o] 形
racial **人種の、人種上の**

人種的☐☐[2]
préjugés raciaux / *racial prejudice*

*「人種差別主義」racisme 男 / *racism* をこの例と類義
とするケースもある。

◇ **race** [ras] 男
race **人種、民族**
人種☐☐[3]
le problème de la race
the problem of race, the race problem

適語選択

下記の選択肢から①〜⑤の空所に入る適語を選択し、適当な形に直して解答してください。

① L'avenir de l'intelligence [　　　　　]
s'accompagne d'anxiété et d'attentes.

② Des substances [　　　　　] ont été détectées
dans une rivière voisine.

③ Quel est votre écrivaine [　　　　　] préférée ?

④ Mon père collectionne les timbres
[　　　　　] depuis qu'il est jeune.

⑤ Avec l'essor des livres [　　　　　], les livres
traditionnels en papier sont éclipsés.

選択肢

artificielle	commémoratifs	contemporaine
électroniques	toxiques	

解答・解説　　p.311

不適切語選択

下記の①〜⑤で意味をなさない語句（通常は使われない言い
回し）はA〜Cのどれか答えてください。

① A gaz toxique
   B livres toxiques
   C substance toxique

② A diversité raciale
   B problème racial
   C restaurant racial

③ A données électroniques
   B monnaie électronique
   C renouvellement électronique

④ A cérémonie de la minorité
   B cérémonie de mariage
   C cérémonie du thé

⑤ A agenda électrique
   B chauffe-eau électrique
   C voiture électrique

| 解答・解説 | p.312 |

056 技術革新

innovation technologique
technological innovation

▶イノベーション　innovation　革新、技術革新

▶テクノロジー　technologie　科学技術

☐ 技術革新が従来の働き方を変えた。

L'innovation technologique a changé la façon traditionnelle de travailler.

Technological innovation has changed the traditional way of working.

語源増殖 nov「新しい」

→ 坪内逍遥が「小説」と訳したとされる *novel* は、伝説・民話などに対して、「新しい文学」「新しい物語」の意味を表す語。

■ nouveauté 囡 / *novelty* 新しいこと、目新しさ
■ rénovation 囡 / *renovation* 刷新、一新

語源増殖 techn「技術」

→ テクニックやテクノロジーは、ギリシア語の techne「技術」に由来する語。スキル（フランス語では compétence 囡）は類義語だが、これは「個人の持つ能力を背景とする力量、技能」のこと。テクニックは「広く一般に身につけられる技術」を指す。

解答　055 人種差別

1. discrimination **sexuelle**　2. 人種的**偏見**　3. 人種**問題**

innovation technologique

☐ **innovation** [inɔvasjɔ̃] 囡
innovation 革新、改革、新発明

☐☐革新 [1]
innovation commerciale / *business innovation*

* innovation managériale / *management innovation* も
類義。

◇ **innover** [inɔve] 勔 *innovate* （en に関して）改革する

☐ **競争をリードし続けるには改革を続けなければならない。**

Nous devons continuer à innover pour garder notre
avance sur la concurrence.

We must continue innovating in order to keep our
lead on the competition.

☐ **technologique** [tɛknɔlɔʒik] 形
technological 科学技術の

科学技術の☐☐ [2]
une avancée technologique
a technological advancement

* スペリングの似ている technique / *technical* は「技術
的な、特殊な」という意味の形容詞。

◇ **technologie** [tɛknɔlɔʒi] 囡
technology 科学技術、テクノロジー

☐☐技術 [3]
technologie de production
production technology

057 心理描写

description psychologique
psychological description

▶サイコロジカル **psychological** 心理的な、心理学的な
〈**psycho**「魂、精神」+ **logical**「学問的な」〉

▶デスクリプション **description** 記述、描写

☐ この作家の心理描写は実に細かい。

La description psychologique de cet écrivain est vraiment détaillée.

The psychological description of this writer is really detailed.

語源増殖 psycho「魂、精神」

→ Psychée 囡 / *Psyche*（愛の神 Eros が愛した美少女）から、ギリシア神話では「霊魂」の意味

- psychiatre 名 / *psychiatrist* 精神科医
- psychologue 名 / *psychologist* 心理学者
- psychique 形 / *psychic* 精神の、霊魂の
- psychiatrique 形 / *psychiatric* 精神医学の

解答 056 技術革新

1. **経営**革新　2. 科学技術の**進歩**　3. **生産**技術

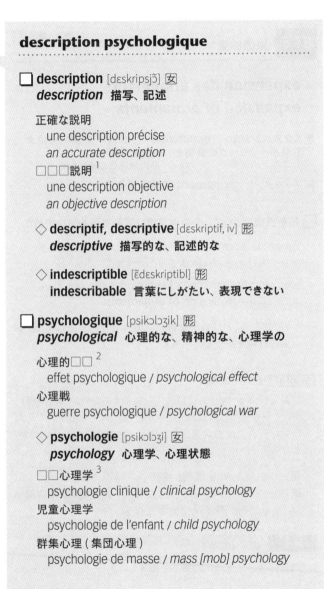

description psychologique

☐ **description** [dɛskripsjɔ̃] 囡
description 描写、記述

正確な説明
　une description précise
　an accurate description
☐☐☐説明 [1]
　une description objective
　an objective description

◇ **descriptif, descriptive** [dɛskriptif, iv] 围
descriptive 描写的な、記述的な

◇ **indescriptible** [ɛ̃dɛskriptibl] 围
indescribable 言葉にしがたい、表現できない

☐ **psychologique** [psikɔlɔʒik] 围
psychological 心理的な、精神的な、心理学の

心理的☐☐ [2]
　effet psychologique / *psychological effect*
心理戦
　guerre psychologique / *psychological war*

◇ **psychologie** [psikɔlɔʒi] 囡
psychology 心理学、心理状態

☐☐心理学 [3]
　psychologie clinique / *clinical psychology*
児童心理学
　psychologie de l'enfant / *child psychology*
群集心理（集団心理）
　psychologie de masse / *mass [mob] psychology*

058 軍備拡張

expansion des armements
expansion of armaments

▶エクスパンション　**expansion** ① 拡大　② 顧客の拡大
③ スポーツリーグの参加チーム数を伸ばすこと
cf. エキスパンダー　*expander* 筋肉鍛錬用の運動用具
....
▶アーマメント　**armament** 武装、軍備

□ **超然主義によって、その大統領は軍事拡張を追い求めた。**

Suivant la doctrine de la supériorité, le président a
poursuivi l'expansion des armements.

Following the doctrine of superiority, the president
pursued the expansion of armaments.

*「超然主義」とは外の動静には関与せずともあれ平然と独
自の立場を貫く主義を指す。

語源増殖 arm「武器」

→ アルマジロ armadillo（和名：ヨロイネズミ）は「鎧（武器）
をもった小動物」の意味から。ただし、フランス語はブラジ
ルアマゾン流域の共通語であるトゥピ語由来で tatou 男 と
称する。

■ arme 女 / *arms* 武器、兵器
■ désarmement 男 / *disarmament* 武装解除、軍備縮小
（← dé /dis「除く」+ armament）

解答　057 心理描写
....
1. **客観的**説明　2. 心理的**効果**　3. **臨床**心理学

☐ **expansion** [ɛkspɑ̃sjɔ̃] 女
expansion 拡大、発展

□□拡大（経済拡張）[1]
expansion économique
economic expansion

食糧生産の拡大
une expansion de la production alimentaire
an expansion of food production

海外発展
expansion à l'étranger / *overseas expansion*

◇ **expansif, expansive** [ɛkspɑ̃sif, iv] 形
expansive 心の広い、拡張（膨張）する

誇大□□ [2]
délire expansif / *expansive delusion*

＊ délire de grandeur 男 / *delusion of grandeur* という
言い方もする。

☐ **armement** [armǝmɑ̃] 男
armament 武装、兵器、（複数で）軍備

軍需産業
_____ [3] de l'armement / *armaments industry*

☐ この協定合意で軍拡競争に歯止めをかけられるだろ
うか。

Cet accord peut-il mettre un terme à la course aux
armements ?

Can this agreement put an end to the arms race?

059 外交特権

privilège diplomatique
diplomatic privilege

＊ ただし、「外交特権」は immunité diplomatique /
diplomatic immunity と呼ばれることも多い。

▷ ディプロマシー **diplomacy** 外向、外向的手腕

▷ ディプロマット **diplomat** / ディプロマティスト
diplomatist 外交官 ＊ *diplomatist* は古風

▶ プリビレッジ **privilege** 特権
cf. 一般には広がってはいないが航空会社などでプリビレッジクラ
ブといった言い回しを用いている。

☐ **大使たちは外交特権で守られています。**

Les ambassadeurs sont protégés par le privilège
diplomatique.

The ambassadors are protected by diplomatic privilege.

語源増殖 **priv**「個人」

→ プライバシー *privacy*「私生活を他人から干渉されない権
利」の保護が声高に叫ばれるようになって、逆にプライバ
シーがかえって侵害されている気がしているのは私だけだ
ろうか。

■ privilège 男 / *privilege* 特権（←一般の法ではなく priv
「個人、個別」+ lege「法律」による）

解 答 058 軍備拡張

1. **景気**拡大（経済拡張） 2. 誇大**妄想** 3. **industrie** de l'armement

privilège [immunité] diplomatique

☐ **privilège** [privilɛʒ] 男
   privilege （官職・身分などに伴う）特権、特典

☐ 私たちは魅力的な女性である大統領の奥様と夕食を
   とる特典を得ました。

   Nous avons eu le privilège de dîner avec l'épouse du
   président, une femme charmante.

   We had the privilege to have dinner with the
   president's wife, a charming lady.

   ＊「（高い身分に伴う）特権」prérogative 女 /
     prerogative という類語もある。

☐ **diplomatique** [diplɔmatik] 形
   diplomatic 外交の、駆け引きの巧みな

   外交問題
   ＿＿＿＿＿＿[1] diplomatique
   diplomatic problem

   外交文書
   ＿＿＿＿＿＿[2] diplomatique
   diplomatic document

   ◇ **diplomatie** [diplɔmasi] 女
     diplomacy 外交、外交的手腕

   日本の□□外交 [3]
     diplomatie japonaise envers la France
     Japanese diplomacy toward France

060 人工知能

intelligence artificielle
artificial intelligence

▶ エーアイ　AI　人工知能

＊人間の知能の働きとされる機能を行なうコンピュータの能力

□ **人工知能はこの先どこまで進化するだろうか**。

Jusqu'où l'intelligence artificielle évoluera-t-elle dans le futur ?

How far will artificial intelligence evolve in the future?

語源増殖 lig「選ぶ、集める」

→ intelligence 囡 / *intelligence* は「書物などから得られた頭の良さ、知能」ではなく、生まれ持った「識別能力」の意味。分析すれば〈多くの中から intel「中間」（最適）を leg「選ぶ」力〉を指す単語。なお、同系列の単語に intellect 男 / *intellect*「（意志や感情に対して）知性」があるが、これは intelligence に比べて意味の幅は狭く、主に「論理的な思考力、知力」を指す文章語。

解答　059 外交特権

1. **problème** diplomatique　2. **document** diplomatique
3. 日本の**対仏**外交

intelligence artificielle

☐ **intelligence** [ɛ̃teliʒɑ̃s] 囡
intelligence 知性、知能

人知（知能）
intelligence humaine
human intelligence

◇ **intellectuel, intellectuelle** [ɛ̃telɛktɥɛl] 形
intellectual 知性の、知能の

知能指数
_____[1] intellectuel (QI)
intelligence quotient (IQ)

☐ **artificiel, artificielle** [artifisjɛl] 形
artificial 人工的な

人工衛星
satellite artificiel
artificial satellite

人工呼吸
_____[2] artificielle
artificial respiration

人工□□[3]
insémination artificielle / *artificial insemination*

造花
fleurs artificielles / *artificial flowers*

◇ **artifice** [artifis] 男
artifice 策略、トリック

花火
feu d'artifice / *fireworks*

＊日常的にはこの意味で使用頻度が高い単語。

適文連結

①～⑤とＡ～Ｅの文を意味が通じるように結びつけてください。

① Le profil psychologique des personnages est étonnamment subtil et détaillé

② L'innovation en entreprise est plus importante que jamais

③ Le gouvernement a complètement changé sa position

④ Des inquiétudes ont été exprimées

⑤ L'intelligence artificielle se développe et évolue bien

A   au-delà du domaine de notre imagination.

B   dans la société de l'information d'aujourd'hui.

C   sur la question du désarmement.

D   dans cette pièce française classique.

E   quant aux compétences diplomatiques du nouveau ministre.

解答・解説   p.312

解答   060 人工知能

1. **quotient** intellectuel (QI)   2. **respiration** artificielle
3. 人工**授精**

二者択一

①〜⑤の [   ] に入る適当な語句は a,b のいずれか答えてください。

① La [a : technologie moderne / b : société primitive] a facilité de nombreux travaux.

② La loi interdit [a : la distinction entre le bien et le mal / b: les discriminations raciales].

③ L'eau de cette rivière contient [a : des composants électroniques / b : des substances toxiques].

④ Il ne fait aucun doute que cette décision a été soigneusement préparée par [a : la route à deux voies / b : la voie diplomatique].

⑤ Le go, le shogi et les échecs impliquent tous [a : une guerre psychologique / b : une psychologie des foules].

解答・解説　　　p.313

権力闘争　　　　　　　　　　　　　　　　政治・経済

lutte pour le **pouvoir**
power struggle

☐ 権力闘争のない世界はこの世に存在するのだろうか。

Pourrait-il y avoir un monde sans luttes pour le pouvoir ?

Could there be a world without power struggles?

政治権力　　　　　　　　　　　　　　　　政治・経済

pouvoir politique
political **power**

☐ あの年老いた政治家は政治権力にしがみつき続けた。

Ce vieux politicien a continué à s'accrocher au pouvoir politique.

That old politician continued to cling to political power.

和製語：power harassment（パワハラ）は和製英語の類で、一般的に使われない。intimidation [harcèlement moral] au travail / *workplace bullying*「職場いじめ」とか、abus d'autorité / *abuse of authority*「職権乱用」といった言い方をする。

温室効果

effet de serre
greenhouse **effect**

☐ 温室効果は地球や金星のような惑星でよく知られる熱現象です。

L'effet de serre est un phénomène thermique bien connu sur les planètes comme la Terre et Vénus.

The greenhouse effect is a well-known thermal phenomenon on planets like Earth and Venus.

＊「温室効果ガス」は gaz à effet de serre (GES) / *greenhouse gas* (GHS) という。

音響効果

effets sonores
sound **effects**

☐ この映画の音響効果は私たちの想像以上です。

Les effets sonores de ce film défient notre imaginaire.

This film's sound effects defy our imagination.

語源： fet / *fect* は「作る、作用する」の意味。見出し語は〈 ef「外に」＋「作用する」→外に出た作用、ある結果をもたらす〉から「効果、結果」となる。

063 | **anormal, anormale** abnormal

異常気象 自然・科学
. . . .

temps anormal
abnormal weather

☐ 45 度近いこの暑さは異常気象そのものだ。

Cette chaleur de près de 45 degrés est un temps anormal en soi.

This heat of nearly 45 degrees is an abnormal weather itself.

異常事態 社会・生活(心理)
. . . .

situation anormale
abnormal situation

☐ これほど急な円安は異常事態です。

Une telle dépréciation soudaine du yen est une situation anormale.

Such a sudden depreciation of the yen is an abnormal situation.

* une situation inhabituelle / *an unusual situation* とも言い換えられる。

接頭辞：接頭辞：a/ab は「離れて」のニュアンス。normal(e) / *normal* から「離れる」と anormal(e) 形 / *abnormal* となり、「使用」use から「離れる」と abus 女 / *abuse*「乱用、誤用」となる。

150

過疎地域 社会・生活(心理)

région sous-peuplée
underpopulated region

□ この過疎地域の現状は信じられないほど深刻です。

La situation actuelle dans cette région sous-peuplée est incroyablement grave.

The current situation in this underpopulated region is incredibly serious.

* une zone dépeuplée / *a depopulated area, an underpopulated region* も類義。

大西洋地域 政治・経済

la région de l'Atlantique
the Atlantic region

□ 長きに渡り、大西洋地域は世界経済拡大の中心であった。

Pendant longtemps, la région de l'Atlantique a été le centre de l'expansion économique mondiale.

For a long time, the Atlantic region was the center of global economic expansion.

類義語：「地方、地域」なら、région 囡 / *region*（特徴を持った地域）の方が district 男 / *district*（行政上の区分）より広い。ただ「東北地方」なら région du Tohoku / *Tohoku region* とするが、district も使われる。

065 train train

登山電車

train de montagne
mountain **train**

□ 箱根登山鉄道はたくさんの観光客でぎゅう詰めだった。

Le train de montagne de Hakone était bondé de touristes.

The Hakone mountain train was packed with a lot of tourists.

ロードトレイン
（コンテナを載せたトレーラーを複数連結した長大なトラック）

train routier
road **train**

□ オーストラリアでは長さ数百メートルのロードトレインを見かけることも珍しくない。

En Australie, il n'est pas rare de voir un train routier de plusieurs centaines de mètres de long.

In Australia, it is not unusual to see a road train several hundred meters long.

語源：train は「幌馬車や車両など連なったもの」で、tra は〈引きずる〉という意味合い。農作業や工事で物を「引っぱる」「トラクター」tracteur 男 / tractor も同じ。原図の複写を指すtrace 女 / trace, trail も「跡、痕跡」のこと。

方向感覚　社会・生活(心理)

sens de l'orientation
sense of direction

□ この路地に迷い込むと方向感覚がおかしくなる。

Si vous vous perdez dans cette ruelle, votre sens de l'orientation sera erroné.

If you get lost in this alley, your sense of direction will be wrong.

ユーモアのセンス（感覚）　社会・生活(心理)

sens de l'humour
sense of humor

□ あのアナウンサーにはずば抜けたユーモアのセンスがある。

Cet annonceur a un sens de l'humour exceptionnel.

That announcer has an outstanding sense of humor.

類義語：仏語の見出し語は「（内的に備わっている）感覚」のこと、「（外的な刺激による）感覚」なら sensation 囡 (例：sensation de bien-être / *feeling of well-being*「満足感」)を用い、「（意識・自覚にからむ）感覚」なら sentiment 囲 (例：un sentiment de sécurité / *a sense of security*「安心感」)、「感受性」なら sensibilité 囡 / *sensitivity* を使う。

市場調査

étude de marché
market research

□ **市場調査の結果に則ってこの計画を推し進めていきます。**

Nous mettrons ce plan en place selon les résultats de l'étude de marché.

We will proceed with this plan depending on the results of the market research.

* *market survey* ともいう。

市場占有率 (シェア)

part de marché
market share

□ **この会社はどれぐらいの市場占有率ですか。**

Quel part de marché cette entreprise détient-elle ?

What market share does this company have?

別例: prix du marché / *market price* 「市価、相場」、marché de l'emploi / *job market* 「求人市場」、marché libre / *free market* 「自由市場」、marché aux puces / *flea market* 「蚤の市」など。

哲学体系 文化・歴史

système philosophique
philosophical **system**

□ 彼の研究テーマはヘーゲル哲学体系の分析です。

Son sujet de recherche est l'analyse du système
philosophique hégélien.

His research topic is the analysis of the Hegelian
philosophical system.

太陽系 自然・科学

système solaire
solar **system**

□ 太陽系で一番大きな惑星は何ですか。

Quelle est la plus grande planète du système solaire ?

What is the largest planet in the solar system?

別例：système de défense / *defense system*「防衛体制」、
le système décimal / *the decimal system*「10 進法」、、
système d'information / *information system*「情報処理
システム」など。

武家社会

文化・歴史

société des samouraïs
samurai **society**

☐ 腹切りは武家社会の暗黙の掟です。

Harakiri est une règle tacite de la société des samouraïs.

Harakiri is an unspoken rule of samurai society.

少子化社会

社会・生活(心理)

société avec un taux de natalité en baisse
society with a declining birthrate

☐ 少子化社会の先行きは暗澹としている。

L'avenir d'une société avec un taux de natalité en baisse est sombre.

The future of a society with a declining birthrate is bleak.

別例：「文明社会」société civilisée / *civilized society*、
「原始（未開）社会」société primitive / *primitive society*、
「上流社会」haute société / *high society*、「多民族社会」
société multiraciale / *multiracial society* など。

社会福祉

bien-être social
social welfare

□ その候補者は盛んに<u>社会福祉の充実を訴えていた</u>。

Le candidat a activement plaidé pour le renforcement
du bien-être social.

The candidate actively appealed for the enhancement of
social welfare.

社会保険

assurance sociale
social insurance

□ <u>社会保険がさらに充実することを期待しています</u>。

J'espère que l'assurance sociale sera encore renforcée.

I hope that the social insurance will be further enhanced.

カタカナ語： ソーシャル・ディスタンス *social distance* はコ
ロナ禍で急に使用頻度が増えた言葉。ただし、通常は *social
distancing* や *physical distancing* が「感染防止のための距
離」を示す英語として使われる。

語句説明

①～⑤の定義に適合する単語を選択肢から選んでください。

① ensemble organisé qui forme un tout

② partie d'un espace géographique, d'un pays

③ le droit ou l'autorité de faire quelque chose

④ ce qui permet de recevoir des sensations

⑤ des gens qui vivent ensemble et partagent les mêmes lois et façons de faire

---

選択肢

pouvoir	région	sens
société	système	

解答・解説　　p.314

適語選択

下記の選択肢から①～⑤の空所に入る適語を選択してください。

① La réduction des émissions de _____ est un défi auquel sont confrontés les pays du monde entier.

② Quand j'ai vu un _____ pour la première fois, ça m'a coupé le souffle.

③ Ma sœur n'a aucun _____ depuis qu'elle est enfant.

④ Ne pensez-vous pas que notre _____ est plein de défauts ?

⑤ Il existe de nombreuses universités où il y a une _____ entre le conseil de la faculté et le conseil d'administration.

選択肢

gaz à effet de serre   lutte de pouvoir stérile

sens de l'orientation   système d'assurance sociale

train routier

解答・解説   p.314

159

専門用語　　　　　　　　　　　　　　　　　　　　社会・生活(心理)

terme technique
technical term

□ この論文は専門用語の使用頻度が尋常でない。

Cet article utilise une quantité inhabituelle de termes techniques.

This paper uses an unusual amount of technical terms.

短期記憶　　　　　　　　　　　　　　　　　　　　社会・生活(心理)

mémoire à court terme
short-term memory

* 「長期の」なら à long terme / long-term という。

□ 姉(妹)は数字の短期記憶なら比較的得意です。

Ma sœur a une relativement bonne mémoire à court terme pour les nombres.

My sister has a relatively good short-term memory for numbers.

別例:「用語」について、ほかに「検索語」terme de recherche / search term、「音楽 [医学、法律] 用語」terme musical [médical, juridique] / musical [medical, legal] term など。

単利［複利］ 社会・生活(心理)

intérêt simple [composé]
simple [compound] interest

☐ 数年後、単利と複利の違いは比べものにならない。

Aprés plusieurs années, la différence entre l'intérêt simple et l'intérêt composé est incomparable.

After several years, the difference between simple interest and compound interest is incomparable.

重大な関心 社会・生活(心理)

grand intérêt
great interest

☐ 警察はその宗教団体の活動に重大な関心を示している。

La police montre un grand intérêt pour les activités du groupe religieux.

The police show great interest in the activities of the religious group.

語源：〈 inter「中間、中に」+ est「存在」〉の意味、需給バランスの間で「利益」が生まれ、対象が自身の中に取り入れられれば「関心」（別例：intérêt passager / passing interest「一時的な関心」）がわく。

情報処理

traitement d'information
information processing

☐ 情報処理に関する国家資格はいくつも存在しています。

Il existe plusieurs qualifications nationales liées au traitement de l'information.

There are several national qualifications related to information processing.

情報公開

divulgation d'information
information disclosure

☐ 情報開示は投資家に対するすべての企業の義務です。

La divulgation d'information est un devoir pour chaque entreprise envers ses investisseurs.

Information disclosure is a duty for each company towards its investors.

略語になっている例： récupération de l'information (RI) / *information retrieval (IR)* は「（コンピュータを用いた）情報検索」、IT は英語 *information network* の略。仏語では réseau informatique となる。

経済発展

政治・経済

développement économique
economic **development**

☐ この地域の経済発展は止まってしまった。

Le développement économique de cette région s'est
arrêté.

Economic development in this region has come to a stop.

都市開発

社会・生活(心理)

développement urbain
urban **development**

☐ この区域の都市開発は明らかに失敗だ。

Le développement urbain dans cette zone a clairement
échoué.

Urban development in this area has clearly failed.

語源: velop は〈包む〉の意味。enveloppe 囡 / envelope は
「封筒、カバー」で、〈中身の隠れていた「包み」を de「解く、
外す」〉と「開発する、発展すること」につながり、「(フィルムの)
現像」の意味にもなる。

知的努力　　　　　　　　　　　　　　　　社会・生活(心理)

. . . .

effort intellectuel
intellectual effort

□ 知的努力は好きですが、肉体的な努力は苦手です。

J'aime l'effort intellectuel, mais je ne suis pas doué(e) pour l'effort physique.

I like intellectual effort, but I'm not good at physical effort.

先駆的努力　　　　　　　　　　　　　　　社会・生活(心理)

. . . .

effort de pionnier
pioneering effort

□ マリー・キュリーは放射能の分野で先駆的努力をしたことで知られる。

Marie Curie est connue pour ses efforts de pionnière dans le domaine de la radioactivité.

Marie Curie is famous for her pioneering efforts in the field of radioactivity.

語源： 見出し語は〈 fort「力」を ef「出す」〉という意味から。これを sans effort とすると「(頑張ることなしで) 楽々と」(= facilement) の意味になり、英語なら *effortlessly* (= *easily*) となる。

軍事基地　　　　　　　　　　　　　　　　　政治・経済

base militaire
military base

□ 新しい軍事基地をこの島に設ける計画がある。

Il est prévu de construire une nouvelle base militaire
sur cette île.

There are plans to build a new military base on this
island.

円柱の台座　　　　　　　　　　　　　　　　文化・歴史

base d'une colonne
base of a column

□ あの円柱の台座は大理石でできています。

La base de cette colonne est en marbre.

The base of this column is made of marble.

別例： base scientifique / *scientific base*「科学的根拠」、
base économique / *economic base*「経済基盤」、base de
données / *data base*「データーベース」など。

稀少価値　　　　　　　　　　　　　　　　社会・生活(心理)

valeur de rareté
scarcity value, rarity value

□ このダイアの原石の希少性（価値）は計り知れない。

La valeur de rareté de ce diamant brut est incommensurable.

The scarcity value of this rough diamond is immeasurable.

付加価値税　　　　　　　　　　　　　　　　政治・経済

taxe sur la valeur ajoutée
value-added tax

□ 日本の消費税は付加価値税です。

La taxe à la consommation japonaise est une taxe sur la valeur ajoutée.

Japan's consumption tax is a value-added tax.

カタカナ語： 1994 年日本マクドナルドが考案したハンバーガー「お値打ちセット」 value set は和製英語、英語では a combo が通例。name value 「知名度、名声」も然り、name 1 語で「名声」の意味になる。

078 **mouvement** movement

地殻変動
自然・科学

mouvement de la croûte
crustal **movement**

☐ この研究は地殻変動を観測することで地震のメカニズムを
解明することにある。

Cette recherche vise à élucider le mécanisme des
tremblements de terre en observant les mouvements
de la croûte.

This research aims to elucidate the mechanism of
earthquakes by observing crustal movements.

政治運動
政治・経済

mouvement politique
political **movement**

☐ 私たちは性差別撤廃のための政治運動に参加すべきだ。

Nous devrions rejoindre le mouvement politique pour
l'élimination du sexisme.

We should join the political movement for the elimination
of sexism.

類義語：英語 movement は「（具体的・政治的な）運動」を
指し、「運動」それ自体なら motion、「移動」なら move が使
われる。仏語では、それらの語義をまとめて mouvement が
使える。

潜在需要　　　　　　　　　　　　　政治・経済

demande potentielle
potential demande

☐ ひょんなことから、工場長はある機械部品の潜在需要に気がついた。

Par hasard, le directeur de l'usine a remarqué une demande potentielle pour une certaine pièce de machine.

By chance, the factory manager noticed a potential demand for a certain machine part.

需要と供給　　　　　　　　　　　　政治・経済

l'offre et la demande
supply and demand

☐ 需要と供給のバランスを見定めるのが私の仕事です。

Mon travail consiste à trouver l'équilibre entre l'offre et la demande.

My job is to find the balance between supply and demand.

語順：日本語とは逆で「供給」「需要」の順に並ぶ。「白黒写真」photographie en noir et blanc / *black and white photo*、「損得（損益）」profits et pertes / *profit and loss* なども日本語とは順番が逆。

départ departure   **arrivée** arrival

出発時刻（時間）   社会・生活（心理）

. . . .

heure de **départ**
departure time

☐ 出発時刻が朝の 6 時に変更になった。

　L'heure de départ a été changée à 6h du matin.

　The departure time was changed to 6 in the morning.

到着時刻（時間）   社会・生活（心理）

. . . .

heure d'**arrivée**
arrival time

☐ 到着時間が変更になる場合はご連絡ください。

　Veuillez nous contacter si votre heure d'arrivée vient à changer.

　Please contact us if your arrival time were to change.

名詞・動詞 : arrivée 囡 / arrival から「到着する」arriver / arrive は容易に想像はつくが、仏語の「出発する」（英語 depart）については名詞形 départ 男 から、partir を導くことに戸惑う人がいる。

語句説明

①〜⑤の定義に適合する単語を選択肢から選んでください。

① un changement de position d'un endroit à un autre

② ce que vaut une personne ou une chose

③ action de quitter un lieu par avion, par train, etc.

④ renseignement ou nouvelle qu'on communique à quelqu'un

⑤ ensemble d'installations militaires

選択肢

base	départ	information
mouvement	valeur	

解答・解説　　p.315

整序問題

日本語に合うように①～④の［　］内の語句を適当な順に並べ
替えてください。

① 悪天候で、飛行機の出発時刻がはっきりしない。

En raison du mauvais temps, l'heure [de, de, mon,
départ, vol] est incertaine.

② 都市開発の大失敗がとんでもなく寂れた景観を生むこと
がある。

Un [du, développement, échec, majeur, urbain] peut
se traduire par un paysage terriblement désolé.

③ この小型パソコンの情報処理能力は超高速だ。

La [de, de, capacité, l'information, traitement] de
ce petit ordinateur personnel est super rapide.

④ この海域のわずかな地殻変動がいずれ大きな地震を生
むことになるかもしれない。

Un léger [de, la, croûte, terrestre, mouvement]
dans cette zone maritime pourrait produire un
grand tremblement de terre.

解答・解説　　p.315

171

呼吸困難

自然・科学

difficulté respiratoire
breathing **difficulty**

☐ この病気は<u>呼吸困難</u>を引き起こす。

Cette maladie provoque des difficultés respiratoires.

This disease causes breathing difficulties.

財政難

政治・経済

difficulté financière
financial **difficulty**

☐ 100 年の歴史を有する大学が<u>財政難に陥った</u>。

L'université avec une histoire de 100 ans est tombée dans des difficultés financières.

The university with a 100-year history fell into financial difficulties.

語尾：-té / -ty（「性質・状態」を示す）となる名詞は多々ある。仏語を思いつくまま並べると électricité, facilité, liberté, publicité, qualité, quantité, réalité, sécurité, société, tranquillité, variété などすべて女性名詞。

政治団体

organisation politique
political **organization**

☐ おじは政治団体で働いています。

Mon oncle travaille pour une organisation politique.

My uncle works for a political organization.

犯罪組織

organisation criminelle
crime **organization**

☐ この横丁の犯罪組織の長は国会議員だという噂だ。

La rumeur dit que le chef de l'organisation criminelle de cette ruelle est un membre de la Diète.

Rumor has it that the head of this alley's crime organization is a Diet member.

別例： organisation officielle [d'état, de nouvelles] / *official [state, news] organization*「公的［国家、報道］機関」、organisation du travail / *work organization*「仕事の段取り」など。なお、イギリス式綴りは仏語と同じ *organisation* となる。

083 violence violence

校内暴力   社会・生活(心理)

violence à l'école
school **violence**

☐ 校内暴力は特定の都市で大きな問題となっています。

La violence à l'école est un problème majeur dans
certaines villes.

School violence is a major problem in certain cities.

家庭内暴力   社会・生活(心理)

violence domestique
domestic **violence**

☐ 父親の厳格さが家庭内暴力の元凶になることが多い。

La sévérité des pères est souvent à l'origine de la
violence domestique.

Fathers' strictness is often the source of domestic
violence.

語尾: -ence「行為・状態・性質」を示す）の綴りが仏英
で同じ語を並べると、absence, conséquence, différence,
intelligence, patience, science, silence などがある。ただ、
最後の 1 語だけは男性名詞。

新聞記事

社会・生活(心理)

article de journal

newspaper **article**

☐ 朝食のあと、父はよく新聞記事を切り抜いていました。

Mon père découpait souvent des articles de journaux
après le petit-déjeuner.

My dad often cut out newspaper articles after breakfast.

不定冠詞

文化・歴史

article indéfini

indefinite **article**

☐ 不定冠詞の使い方 (不定冠詞をどう使っていいのか) がわ
かりません。

Je ne sais pas comment utiliser l'article indéfini.

I don't know how to use the indefinite article.

誤読: articles de toilette を「トイレの記事」と訳した学生が
いた。複数 toilettes ではないので、この article は「品物、商
品」の意味。よって「化粧品」(英語 toilet articles, toiletries)
となる。

品質管理

contrôle de qualité
quality control

☐ 品質管理の目標は不良品数を最大で 10,000 個あたり 5 個に抑えることです。

L'objectif du contrôle qualité est de maintenir le nombre de produits défectueux à un maximum de 5 pour 10 000.

The goal of quality control is to keep the number of defective products to a maximum of 5 per 10,000.

品質保証

assurance qualité
quality assurance

☐ 品質保証のラベルが半分破れていた。

L'étiquette d'assurance qualité a été déchirée en deux.

The quality assurance label was torn in half.

---

la quantité contre la qualité ?：「量は質に勝るという考え方がなければ、凡人におそらく勝機はない」。これ、語学学習の基本の心構えでもあるように思う。なぜなら、量は数値化・可視化ができるため目標にできるものだから。

臨死体験 　　　　　　　　　　　　　　　　　　自然・科学

expérience de mort imminente
near-death experience

☐ 彼の臨死体験は嘘か誠か。

Son expérience de mort imminente est-elle vraie ou
fausse ?

Is his near-death experience true or false?

初体験 　　　　　　　　　　　　　　　　　　社会・生活(心理)

première expérience
first experience

☐ 初体験は誰でも緊張するものだ。

La première expérience rend tout le monde nerveux.

The first experience makes everyone nervous.

FA : 仏語 expérience は英語の *experiment*「実験」の意
味を持つ (例：faire une expérience / *make [carry on] an
experiment*「実験を行なう」)。なお *experiment* は自動詞に
もなる (仏語 expérimenter は他動詞)。

倫理的責任 社会・生活(心理)

responsabilité éthique
ethical responsibility

☐ たとえ法的に問題はなくても倫理的責任は免れない。

Même s'il n'y a pas de problème juridique, la responsabilité éthique ne peut être exemptée.

Even if there is no legal problem, ethical responsibility cannot be exempted.

責任感 社会・生活(心理)

sens des responsabilités
sense of responsibility

* un sentiment de responsabilité / a feeling of responsibility も類義。

☐ 責任感をもつことはフリーランスとして働くために必要な資質です。

Avoir le sens des responsabilités est une qualité nécessaire pour travailler en freelance.

Having a sens of responsibility is a necessary quality to work freelance.

別例： responsabilité personnelle [collective, de la direction, criminelle, morale] / personal [collective, management, criminal, moral] responsibility「自己 [連帯、経営、刑事、道義的] 責任」など。

opération operation

多角経営 政治・経済

opérations diversifiées
diversified operations

* opérations multiples / *multiple operations* または
diversification 囡 / *diversification* ともいう。

□ あの経営者は多角経営で大きな成功を収めた。

Ce gestionnaire a obtenu un grand succès dans les
opérations diversifiées.

That manager achieved great success in diversified
operations.

救助 (救援) 活動 社会・生活(心理)

opération de sauvetage
rescue operation

□ 被害が甚大になる前に迅速な救助活動が必須です。

Une opération de sauvetage rapide est essentielle
avant que les dégâts ne deviennent graves.

A quick rescue operation is essential before the damage
becomes serious.

語源:〈 oper「働く」〉から派生した語だが、主要な語義「作
用、活動、操作、作戦」のほかに " 医者が「働く」→「手術」"
opération d'urgence / *emergency operation*「緊急手術」も
重要。

保険会社　　　　　　　　　　　　　　　　　社会・生活(心理)
. . . .

compagnie d'assurance
insurance company

□ 保険会社の外交員たちは態度が悪かった。

Les vendeurs de la compagnie d'assurance avaient
une mauvaise attitude.

The insurance company's salespeople had a bad attitude.

航空会社　　　　　　　　　　　　　　　　　社会・生活(心理)
. . . .

compagnie aérienne
airline company

□ この航空会社のファーストクラスはあなたを王様気分にさ
せてくれることでしょう。

La première classe de cette compagnie aérienne vous
fera vous sentir comme un roi.

This airline company's first class will make you feel like a
king.

注意：仏語で「会社」には広く entreprise 囡 の語を充てる。
ただし、金融・運輸・保険など公共性が強い「会社」につい
ては compagnie 囡 を用いることが多い。なお、société 囡 は、
株式・有限など法的観点から「会社」をとらえる際に用いる。

秘密結社

société secrète
secret society

☐ 現代でも秘密結社は存在している。

Les sociétés secrètes existent encore aujourd'hui.

Secret societies still exist today.

＊憲法の「結社の自由」は liberté d'association 女 / *freedom of association* という。

秘密兵器

arme secrète
secret weapon

☐ あの選手はわがチームの秘密兵器（切り札）です。

Ce joueur est l'arme secrète de notre équipe.

That player is our team's secret weapon.

類義語：「秘密の」という形容詞 confidentiel(le) / *confidential* の使用頻度も高い（例：documents confidentiels / *confidential documents*「機密書類（マル秘文書）」）。confidentialité 女 / *confidentiality* なら「機密性」の意味。

語句説明

①〜⑤の定義に適合する単語を選択肢から選んでください。

① connaissance qui vient d'une longue pratique ou d'une grande habitude

② ce qui fait qu'une chose est bonne ou mauvaise

③ manière d'agir brutale et agressive

④ caractère de ce qui n'est pas facile

⑤ une organisation commericiale qui achète, fabrique et vend des choses

選択肢

compagnie	difficulté	expérience
qualité	violence	

解答・解説　　p.315

適文連結

①～⑤と A ～ E の文を意味が通じるように結びつけてください。

① Avez-vous déjà vécu une expérience de mort imminente

② Savez-vous exactement

③ Quand la police a-t-elle sérieusement décidé

④ Quand le terme « violence à l'école »

⑤ Votre responsabilité éthique

A a-t-il commencé à faire la une des journaux ?

B avec une expérience hors du corps ?

C de détruire cette organisation criminelle ?

D n'est-elle pas mise en cause concernant cet incident ?

E quelle est son arme secrète ultime ?

解答・解説　　p.316

183

第一印象 社会・生活(心理)

première impression
first impression

□ 彼女はとても第一印象のいい人だ。

Elle donne une très bonne première impression.

She gives a very good first impression.

*英語では「最初の印象」*one's initial impression* という言い方
も用いる。

印象批評 文化・歴史

critique impressionniste
impressionistic criticism

□ 学術論文が印象批評に終始しているケースは少なくない。

Il existe de nombreux cas dans lesquels des
articles universitaires sont consacrés à la critique
impressionniste.

There are many cases in which academic papers are
devoted to impressionistic criticism.

> **類義語：**行為・行動が人にもたらす「印象」の意味では effet
> 男 が類義になる。たとえば Ça fait mauvais effet d'arriver en
> retard.「遅刻することは悪い印象を与えるものだ」(← faire
> mauvais effet で「悪印象を与える」)。

日本文化 文化・歴史

culture japonaise
Japanese **culture**

☐ 端的に言って、日本文化の特徴は何ですか。

Bref, quelles sont les caractéristiques de la culture japonaise ?

In short, what are the characteristics of Japanese culture?

牡蠣の養殖 社会・生活(心理)

culture des huîtres
oyster **culture**

＊ ostréiculture 囡 / oyster farming ともいう。

☐ この湾は牡蠣の養殖が盛んです。

La culture des huîtres est florissante dans cette baie.

Oyster culture is thriving in this bay.

類義語： culture は〈(心を)耕す〉から、生活・習慣など精神面を強調する語、例示のように(魚介に広げて「養殖」の意味にもなる)。類義の civilisation 囡 / civilization「文明」は主に物質面を指す単語。

民事裁判

procès civil
civil trial

☐ **妻は刑事裁判と民事裁判の違いがわかっていない。**

Ma femme ne connaît pas la différence entre un procès criminel et un procès civil.

My wife doesn't know the difference between a criminal trial and a civil trial.

内乱

guerre civile
civil war

☐ **この地域は内乱のせいで完全に社会秩序が壊された。**

Cette région était complètement désorganisée en raison de la guerre civile.

This region was completely disorganized due to the civil war.

語源：見出し語は①「民事の」(反対語 criminel, criminelle / criminal「刑事の」)と②「民の、市民の」(反対語 militaire / military「軍の」)意味を持つ。なお②の類語に civique / civic がある。

正当防衛　　　　　　　　　　　　　　社会・生活(心理)

．．

légitime défense
self-defense

☐ 彼女は男性を負傷させたが、正当防衛を主張し、それが
認められた。

Elle a blessé l'homme, mais elle a plaidé la légitime
défense et a été acquittée.

She wounded the man, but she claimed self-defense and
was acquitted.

（被告側）弁護人　　　　　　　　　　　社会・生活(心理)

．．

avocat de la défense
defense counsel, defense attorney

☐ （被告側）弁護人を侮るなかれ。

Ne sous-estimez pas l'avocat de la défense.

Don't underestimate the defense counsel.

語源： 見出し語は〈fense「打ち込み」を de「かわす」〉から。
ちなみに「囲い」を意味する英語の *fence*「フェンス」（フラン
ス語は clôture）は見出し語から〈de「かわす」〉を省いた
単語。

095 stratégie   strategy

国防戦略

政治・経済

. . . .

stratégie de défense nationale
national defense **strategy**

☐ この作戦は新しい国防戦略の要だ。

Cette opération est la pierre angulaire de la nouvelle stratégie de défense nationale.

This operation is the cornerstone of the new national defense strategy.

販売戦略

社会・生活(心理)

. . . .

stratégie de vente
sales **strategy**

☐ 新製品の販売戦略の見直しは避けられない。

Il est inévitable de revoir la stratégie de vente des nouveaux produits.

It is inevitable to review the sales strategy for new products.

類義語：見出し語は「何かを達成するための大局的、長期的な戦略、計画」であるのに対して、類義の tactique 囡 / *tactic* は「（局地的な個々の）戦術、手法」（例：tactiques de guérilla / *guerrilla tactics*「ゲリラ戦法」）を指す。

和平交渉 政治・経済 ▮

négociations de paix
peace **negotiations**

☐ 和平交渉は難航の連続だった。

Les négociations de paix ont été une série de difficultés.

The peace negotiations were a series of difficulties.

予算折衝 政治・経済 ▮

négociations budgétaires
budget **negotiations**

☐ ある意味、予算折衝は腹の探り合い（心理的な戦い）だ。

Dans un sens, les négociations budgétaires sont une guerre psychologique.

In a sense, budget negotiations are a psychological warfare.

別例： négociations salariales / *wage negotiations* 「賃金交渉」、rupture des négociations / *breakdown of negotiations* 「交渉決裂」、négociations commerciales / *business negotiations* 「商談」など。

連鎖反応 社会・生活(心理)

réaction en chaîne
chain reaction

☐ 弾薬庫での小さな爆発が連鎖反応を引き起こし軍事基地の破壊につながった。

Une petite explosion dans le dépôt de munitions a commencé une réaction en chaîne qui a mené à la destruction de la base militaire.

A small explosion in the ammunition depot started a chain reaction which led to the destruction of the military base.

アレルギー反応 自然・科学

réaction allergique
allergic reaction

☐ 娘はアスピリンに対してアレルギー反応を起こした。

Ma fille a eu une réaction allergique à l'aspirine.

My daughter had an allergic reaction to aspirin.

語源:〈 re「背いて」+ action 〉なので「反作用」の意味になるケースもある。たとえば「作用と反作用の法則」loi d'action et de réaction / *law of action and reaction*。

語学教育 文化・歴史

・・

éducation linguistique
language education

☐ 最も効果的な語学教育は「実践」です。

L'éducation linguistique la plus efficace est la
« pratique ».

The most effective language education is "practice".

生涯教育 文化・歴史

・・

éducation permanente
lifelong education

☐ 英語が当方の生涯教育プログラムの共通言語です。

L'anglais est la langue commune de nos programmes
d'éducation permanente.

English is the common language of our lifelong education
programs.

FA：「義務教育」は英語では *compulsory education* だが、
仏語は「（知育・徳育・体育を含む）教育」education を用
いず、「教師が教える特定の科目教育」enseignement を使っ
て enseignement obligatoire という。

円高差益　　　　　　　　　　　　　　　政治・経済

profit lié au yen fort
profit related to a strong yen

□ あの商社は円高差益で大きな利益を得た。

Cette société commerciale a réalisé un gros profit lié au yen fort.

That trading company made a big profit related to a strong yen.

損益　　　　　　　　　　　　　　　　政治・経済

profits et pertes
profit and loss

□ 当社の損益は前年比 5% アップです。

Nos profits et pertes ont augmenté de 5% par rapport à l'année dernière.

Our profit and loss is up 5% compared to last year.

FA: 英語 *profit* が仏語 bénéfice 囡「利益、利潤」に相当する例も多い。bénéfice d'exploitation 囡 / *operating profit* 「営業利益」、bénéfice net / *net profit*「純益」など。

通信障害　　　　　　　　　　　　　　　自然・科学

échec de la **communication**
communication failure

☐ たった 1 時間の通信障害で銀行は終日混乱した。

La banque était dans le chaos pour le reste de la journée après seulement une heure d'échec de la communication.

The bank was in chaos for the rest of the day after only one hour of communication failure.

データ通信　　　　　　　　　　　　　　自然・科学

communication de données
data **communication**

☐ 実は、データ通信の明確な定義はありません。

En fait, il n'y a pas de définition claire de la communication de données.

In fact, there is no clear definition of data communication.

別例：「デジタル［オンライン］通信」communication numérique [en ligne] / *digital [online] communications*、「非言語的伝達」communication non verbale / *non-verbal communication* など。

語句説明

①～⑤の定義に適合する単語を選択肢から選んでください。

① la façon dont quelque chose vous semble

② organisation des opérations militaires pendant une guerre

③ les croyances, les coutumes et le mode de vie d'une société particulière

④ action de parler ou d'écrire à quelqu'un et d'être compris par lui

⑤ le sentiment que vous avez ou la façon dont vous vous comportez à cause de quelque chose qui s'est passé

選択肢

communication	culture	impression
réaction	stratégie	

解答・解説　　p.316

不適切語選択

①～⑤で意味をなさない語句（通常は使われない言い回し）は
A ～ C のどれか答えてください。

① A culture de masse
   B culture en serre
   C progrès de la culture

② A éducation musicale
   B éducation publique
   C éducation sexuelle

③ A stratégie d'amour
   B stratégie marketing
   C stratégie nucléaire

④ A critique impressionniste
   B première impression
   C sixième impression

⑤ A négociation après-vente
   B négociations diplomatiques
   C rupture des négociations

解答・解説　p.316

論理爆弾（ロジックボム） 　　　　　　　　 自然・科学

bombe logique
logic bomb

□ プログラマーはソフトウェアを誤動作させる論理爆弾（一定の条件下で活動を始めるコンピュータウィルス）をソフトウェアにインストールした。

Le programmeur a installé une bombe logique dans son logiciel pour le faire malfonctionner.

The programmer installed a logic bomb in his software to make it malfunction.

商業論理 　　　　　　　　　　 政治・経済

logique commerciale
commercial logic

□ この価格設定は商業論理では説明がつかない。

Cette tarification ne s'explique pas par une logique commerciale.

This pricing cannot be explained by commercial logic.

別例：「論理の飛躍」un saut dans la logique / *a leap in logic*、「記号論理学」logique symbolique / *symbolic logic*、「出来事の必然性」la logique des événements / *the logic of events* など。

生存競争

自然・科学

lutte pour l'**existence**
struggle for **existence**

□ 生存競争はダーウィンの進化論の中心概念です。

La lutte pour l'existence est un concept central de l'évolution darwinienne.

The struggle for existence is a central concept in Darwinian evolution.

* la bataille de la vie / *the battle of life* もほぼ類義になる。

神の存在

社会・生活(心理)

l'**existence** de Dieu
the **existence** of God

□ 神の存在を証明することは可能でしょうか。

Est-il possible de prouver l'existence de Dieu ?

Is it possible to prove the existence of God?

語源： sist は〈立つ〉の意味。見出し語は「外に（見えるところに）立つ」こと。「助けのために側に立つ」から「援助」assistance 囡 / *assistance*、「さからって立つ」から「抵抗」résistance 囡 / *resistance* となる。

**circonstanciel,
circonstancielle** circumstantial

状況証拠 社会・生活(心理)

. . . .

preuve circonstancielle
circumstantial evidence

☐ 私たちに必要なのは決定的物証で、状況証拠ではない。

Ce dont nous avons besoin, ce sont des preuves
matérielles définitives, et non des preuves
circonstancielles.

What we need is definitive material evidence, not
circumstantial evidence.

> **反意語：**「状況証拠」の反意語となる「直接証拠」は preuve
> directe 囡 / direct evidence という。

状況補語 文化・歴史

. . . .

complément circonstanciel
circumstantial complement

☐ 状況補語は時、場所、手段など多様な状況を説明する副
詞です。

Les compléments circonstanciels sont des adverbes
qui décrivent diverses situations telles que le temps,
le lieu et les moyens.

Circumstantial complements are adverbs that describe
various situations such as time, place and means.

原油備蓄 政治・経済 ▮

réserves de pétrole
oil reserves

☐ **日本にとって一定量の原油備蓄は必須です。**

Une certaine quantité de réserves de pétrole est essentielle pour le Japon.

A certain amount of oil reserves is essential for Japan.

同義： stock de pétrole / *oil reserves, oil stock, petroleum stock* とも表現できる。また英語 *oil reserves* は「石油埋蔵量」の意味にもなる。

（紙幣発行銀行の）金準備 政治・経済 ▮

réserves d'or
gold reserves

☐ **アメリカ合衆国は世界一の金準備をしている。**

Les États-Unis possèdent les plus grandes réserves d'or du monde.

The United States has the world's largest gold reserves.

別例： réserve de capital / *capital reserve*「資本準備金」、une réserve naturelle / *a nature reserve*「自然保護区」、あるいは関連語で siège réservé / *reserved seat*「予約席」など。

私立大学   社会・生活(心理)

université privée
private university

□ 日本に私立大学がいくつあるかご存知ですか。

Savez-vous combien d'universités privées il y a au
Japon ?

Do you know how many private universities there are in
Japan?

国立大学   社会・生活(心理)

université nationale
national university

□ 日本の国立大学の授業料は医学部でも比較的安い。

Les frais de scolarité dans les universités nationales
japonaises sont relativement bas, même pour les
facultés de médecine.

Tuition fees at Japanese national universities are relatively
low, even for medical schools.

別例:「公立大学」は université publique / *public university*、
「女子大学」なら université pour femmes / *women's
university* という。ただし、日常的に「大学」を話題にする際
には faculté 囡 (←「(大学の) 学部」の意味で、会話では la
fac と略す) を使って表すケースが大半。

筆跡鑑定

analyse de l'écriture manuscrite
handwriting analysis

☐ 筆跡鑑定の精度は日進月歩だそうだ。

Il semble que la précision de l'analyse de l'écriture manuscrite progresse de jour en jour.

It seems that the accuracy of handwriting analysis is advancing day by day.

データ分析 (解析)

analyse des données
data analysis

☐ エクセルはデータ分析に役立つ。

Excel est utile pour l'analyse des données.

Excel is useful for data analysis.

別例： analyse de marché / *market analysis*「市場分析」、analyse des ventes / *sales analysis*「売上分析」、analyse génétique / *genetic analysis*「遺伝子解析」など。なお、反意語の「総合、合成」は synthèse 囡 / *synthesis* という。

結婚詐欺　　　　　　　　　　　　　　　社会・生活(心理)
....

arnaque au mariage
marrige scam

☐ 彼女は結婚詐欺の被害にあった（結婚詐欺の被害者だ）。

Elle a été victime d'une arnaque au mariage.

She was a victim of marriage scam.

恋愛結婚　　　　　　　　　　　　　　　社会・生活(心理)
....

mariage d'amour
love marriage

☐ 燃えるような恋愛結婚は冷めるのもはやい。

Un mariage d'amour fougueux se refroidit rapidement.

A fiery love marriage is quick to cool down.

関連語：「婚約」は fiançailles 囡複 / engagement（英語で「婚約指輪」は engagement ring）、「同棲（同居）」は cohabitation 囡 / cohabitation、「同棲（内縁関係）」なら concubinage 團 / concubinage という。

108 **habitude** habit

生活習慣

habitude de vie
lifestyle **habit**

☐ 生活習慣の乱れ（乱れた生活習慣）はなかなか直せない。

Les habitudes de vie perturbées **sont difficiles à** corriger.

Disturbed lifestyle habits are hard to fix.

怠け癖

habitudes de paresse
lazy **habits**

☐ 状況次第で、怠け癖が長所になることもありえます。

Selon la situation, les habitudes de paresse peuvent être un avantage.

Depending on the situation, lazy habits can be an advantage.

類義語：見出し語は「（個人の）習慣」の意味、その習慣が定着して「慣行」となれば pratique 囡 / practice、また「（社会的・文化的に定着した伝統的な）習慣」なら coutume 囡 / custom という語を使う。

109　hôpital　hospital

大学病院（医大附属病院）　　　

hôpital universitaire
university hospital, teaching hospital

□ 兄（弟）は大学病院で3年教えています。

Mon frère enseigne dans un hôpital universitaire
depuis trois ans.

My brother has been teaching in a university hospital for
three years.

補足：日本と同じくイギリスやアメリカの大学病院は研修医
の研修を受けもつ *teaching hospital* を兼ねているので、仏語
hôpital universitaire の訳語としてそれをあてることもできる。

精神病院　　　

hôpital psychiatrique
mental hospital

□ 精神病院はどんな場所ですか。

Quel genre d'endroit est un hôpital psychiatrique ?

What kind of place is a mental hospital?

語源：見出し語はそもそも〈客人の宿泊施設〉＝「ホテル」を
指した。中世の巡礼者が多く利用したが、必然的に旅の疲れ
で病気や怪我での長逗留となることからやがて「病院」になっ
たとされている。

永世中立 政治・経済

neutralité **permanente**
permanent neutrality

□ 永世中立とは他国に対して武力を行使せず他国間の戦争にも加担しないことだ。

La neutralité permanente interdit l'usage de la force contre d'autres pays ou la participation à des guerres entre d'autres pays.

Permanent neutrality forbids the use of force against other countries or the participation in wars between other countries.

永久歯 自然・科学

dents **permanentes**
permanent teeth

□ 永久歯が虫歯になると大変だ。

C'est gênant quand les dents permanentes développent des caries.

It's troublesome when permanent teeth develop cavities.

カタカナ語：髪の毛にあてるパーマはパーマネント・ウエーブ permanent wave から。生地に施す樹脂加工（PP 加工）はパーマネントプレス permanent press の略。ただし、印刷用紙に施す PP 加工はポリプロピレン（Poly-Propylene）のことでこれは別物。

語句説明

①〜⑤の定義に適合する単語を選択肢から選んでください。

① la relation entre un mari et sa femme

② un endroit où vous étudiez une matière à un niveau élevé, généralement pour pouvoir obtenir un diplôme

③ recherche détaillée sur un sujet

④ une quantité de quelque chose qui est conservée pour une utilisation future

⑤ chose qu'on fait de façon régulière

選択肢

analyse	habitude	mariage
réserve	université	

解答・解説　　p.317

整序問題

日本語に合うように①〜④の[ ]内の語句を適当な順に並べ
替えてください。

① 専門家による市場分析によれば株式市場はこの先上向く
   ようだ。

   [du, par, marché, l'expert, l'analyse] suggère que
   la Bourse va monter à l'avenir.

② 父の描いた2枚の風景画が近所の美術館の常設コレク
   ションに加えられた。

   Deux peintures de paysage de mon père ont
   été ajoutées à [collection, d'un, la, musée,
   permanente] voisin.

③ 残念ながら、私の秘書は遅刻する悪癖があります。

   Malheureusement, ma secrétaire a [en, la, d'être,
   habitude, mauvaise] retard.

④ 少子化と不況のあおりで、大学は未曾有の生存競争に
   さらされている。

   Les universités sont confrontées à une lutte [leur,
   pour, sans, existence, précédent] en raison de
   la baisse du taux de natalité et de la récession
   économique.

| 解答・解説 | p.317 |

個人秘書 社会・生活(心理)

....

sécrétaire **privé(e)**
private secretary

□ 書類整理とスケジュール管理のために<u>個人秘書を雇う</u>つもりでいる。

Je prévois d'embaucher une secrétaire privée pour organiser ma paperasse et gérer mon emploi du temps.

I'm planning to hire a private secretary to organize my paperwork and manage my schedule.

私生活 (プライバシー) 社会・生活(心理)

....

vie **privée**
private life

□ 彼女は<u>私生活について</u>一度も話したことがありません。

Elle ne parle jamais de sa vie privée.

She never talks about her private life.

類義語:形容詞 privé(e) と personnel(le) はどちらも「個人の」という語義だが、意味合いが違う。前者は「私的な、私用の」、後者は「個人的な、個人用の」ということ。つまり、前者の対語は publi, plublique「公の」で、後者は social(e)「社会的な」が反意語。

(競技の) 写真判定　　　　　　　　　　　　　文化・歴史

photo-finish
photo finish

□ 競馬に写真判定がなければ、同着が一気に増えることだ
ろう。

S'il n'y avait pas de photo-finish pour les courses
de chevaux, le nombre d'égalités augmenterait
considérablement.

If there were no photo finish for horse racing, the number
of ties would increase dramatically.

デジタル写真　　　　　　　　　　　　　社会・生活(心理)

photo numérique
digital photo

□ このデジタル写真の解像度は最高級レベルです。

La résolution de cette photo numérique est de premier
ordre.

The resolution of this digital photo is top-notch.

語源 : photo, phos は〈光〉の意味。photomètre 男 / photometer
なら「光度計」、「光をもたらすもの」を意味する phosphore
男 / phosphorus は P (原子番号 15) で「燐 (りん)」を指し
ている。

参考資料　　　　　　　　　　　　　　文化・歴史

données de référence
reference data

☐ レポートに参考資料を添付してください。

Veuillez joindre des données de référence à votre rapport.

Please attach reference data to your report.

照会番号　　　　　　　　　　　　　社会・生活（心理）

numéro de référence
reference number

☐ 照会番号が間違っていると思います。

Je crains que vous n'ayez le mauvais numéro de référence.

I'm afraid that you have the wrong reference number.

> **カタカナ語：** 図書館の利用者の質問に回答するのは
> *reference service*、「参考図書」なら *reference book*、「閲覧
> 室」は *reference room*、これすべてカタカナ語として日本に
> 定着している。

meurtre **murder**

嘱託殺人

. . . .

meurtre à forfait
murder for hire, contract murder

☐ **彼の軽はずみな言葉が嘱託殺人の要因のひとつだ。**

Ses paroles imprudentes sont l'un des facteurs du meurtre à forfait.

His reckless words are one of the factors in the murder for hire.

殺人未遂

. . . .

tentative de meurtre
attempted murder

☐ **私の同僚が殺人未遂で逮捕された。**

Mon collègue a été arrêté pour tentative de meurtre.

My colleague was arrested for attempted murder.

類義語：見出し語は主に計画的な（意図的な）「人殺し」の意味で使われ、故意でも偶然でも広く「殺人」には homicide 男 / homicide が使われる。「暗殺」なら assassinat 男 / assassination を用いる。

液体酸素 　　　　　　　　　　　　　　　　　自然・科学

oxygène liquide
liquid oxygen

☐ 液体酸素は医療現場はもとより、ロケット製造にも欠かせないものです。

L'oxygène liquide est indispensable non seulement dans le domaine médical mais aussi dans la fabrication de fusées.

Liquid oxygen is indispensable not only in the medical field but also in rocket manufacturing.

酸素マスク 　　　　　　　　　　　　　　　　自然・科学

masque à oxygène
oxygen mask

☐ 疫病の流行の兆しが見え始めて酸素マスク不足が懸念される。

On s'inquiète de la pénurie de masques à oxygène alors que des signes d'épidémie commencent à apparaître.

There are concerns about the shortage of oxygen masks as signs of an epidemic begin to appear.

語源: 〈oxy「酸」+ gen「生じる」〉から。〈hydro「水」〉なら「水素」hydrogène 男 / hydrogen となる。ただし、「窒素」は英語では nitrogen（nitro は「硝石」から）だが、フランス語では atoze 男 となる。

通勤距離 　　　　　　　　　　　社会・生活(心理)

. . . .

distance du trajet domicile-travail
commuting distance

☐ 家を購入する際に通勤距離は大切なポイントだ。

La distance du trajet domicile-travail est un point
important lors de l'achat d'une maison.

Commuting distance is an important point when buying a
house.

通信教育 (遠隔学習) 　　　　　　　　社会・生活(心理)

. . . .

apprentissage à distance
distance learning

☐ 最近、遠隔教育の重要性がぐっと高まっている。

Récemment, l'importance de l'apprentissage à
distance a considérablement augmenté.

Recently, the importance of distance learning has
increased significantly.

語源：〈sta「立つ、立っている」〉で、見出し語は「隔たっ
て存立するもの」という意味。「いつも立っている」から
「像」statue 安 / statue、「周囲に立っている」から「環境」
circonstance 安 / circumstance という単語が生まれた。

traditionnel, traditionnelle traditional

伝統衣装　　　　　　　　　　　　　　　　文化・歴史

costume traditionnel
traditional costume

☐ 祭りの間、子供たちは<u>伝統衣装を身につけていた</u>。

Les enfants portaient des costumes traditionnels pendant la fête.

Children wore traditional costumes during the festival.

伝統行事　　　　　　　　　　　　　　　　文化・歴史

événement traditionnel
traditional event

☐ 過疎化とともに<u>伝統行事がどんどん失われている</u>。

Les événements traditionnels se perdent de plus en plus avec le dépeuplement.

Traditional events are being lost more and more along with depopulation.

類義語： tradition 囡 / tradition は長年受け継がれてきた「伝統」、convention 囡 / convention は一般化している「慣習、しきたり」を指す。なお histoire 囡 / history も「伝統」の訳がしっくりくるケースがもある（例：une histoire de 80 ans / a history of 80 years「80 年の伝統」）。

成人教育　　　　　　　　　　　　　　　社会・生活(心理)

> **éducation des adultes**
> adult education

☐ 高齢化社会において成人教育のあり方がよりいっそう重要になるだろう。

L'éducation des adultes deviendra encore plus importante dans une société vieillissante.

Adult education will become even more important in an aging society.

成人向け映画　　　　　　　　　　　　　　自然・科学

> **film pour adultes**
> adult film

☐ この成人向け映画は暴力シーンが含まれているため、17歳未満は保護者同伴とされている。

Ce film pour adultes contient des scènes violentes, les enfants de moins de 17 ans doivent donc être accompagnés d'un tuteur.

This adult film contains violent scenes, so children under the age of 17 must be accompanied by a guardian.

補足：見出し語は形容詞 (例:「成人男性」un mâle adulte / *an adult male*) としても使う。また、多く「成熟した」と訳される mature / *mature* を「大人っぽい」(= comme un adulte / *adult-like*) の意味合いで使うこともある。

三権分立   政治・経済

séparation des pouvoirs
separation of powers

☐ 三権分立は 18 世紀にモンテスキューが提唱した。

La séparation des pouvoirs a été proposée par Montesquieu au XVIIIe siècle.

The separation of powers was proposed by Montesquieu in the 18th century.

> **三権**：思想家シャルル・ド・モンテスキューは、権力に対して市民がもの申す民主主義勃興の時代を背景に『法の精神』で国の権力構造を考えた。具体的に三権とは、pouvoirs législatif, exécutif et judiciaire / *legislative, executive and judicial powers*「立法権、行政権、司法権」のこと。

政教分離   政治・経済

séparation de l'Église et de l'État
separation of church and state

☐ 元首相殺害以降、政教分離の議論が盛んだ。

Après le meurtre de l'ancien premier ministre, il y a beaucoup de débats sur la séparation de l'Église et de l'État.

After the murder of the former prime minister, there is a lot of debate about the separation of church and state.

120　désir　desire

節約（倹約）志向　　　　　　　　社会・生活(心理)
....

désir d'économiser de l'argent
desire to save money

☐ うちの夫は節約志向の強い人です。

Mon mari est une personne avec un fort désir d'économiser de l'argent.

My husband is a person with a strong desire to save money.

性的願望（性欲）　　　　　　　　社会・生活(心理)
....

désir sexuel
sexual **desire**

☐ 彼の年齢なら性的願望（性欲）が強くて当たり前です。

À son âge, il est normal d'avoir un fort désir sexuel.

At his age, it's normal to have a strong sexual desire.

欲望と欲求： désir は「（実現したい、手に入れたい）欲望」のことで、類義語 besoin 男 は「（必要なものが欠けていることから来る）欲求」（例：besoin d'approbation「承認欲求」、besoin de dormir「睡眠欲」）を指す。なお、「性欲」は le désir 一語でも、あるいは la libido という単語でも表される。

語句説明

①～⑤の定義に適合する単語を選択肢から選んでください。

① document qui confirme les informations d'un autre

② le crime de tuer quelqu'un exprès

③ un fort sentiment que vous voulez vraiment quelque chose

④ technique qui permet de créer des images par l'action de la lumière sur une pellicule

⑤ intervalles spatiaux et temporels

選択肢

désir	distance	meurtre
photo	référence	

解答・解説　　p.318

適語選択

下記の選択肢から①～⑤の空所に入る適語を選択してください。

① Son secrétaire _____ a été arrêté pour tentative de _____.

② Montesquieu est crédité comme le premier à avoir prôné la _____ des pouvoirs.

③ Une maison dans une ville de banlieue me plaît beaucoup, mais le gros inconvénient est la longue _____ de trajet jusqu'au centre-ville.

④ Pouvez-vous battre les méthodes _____s de cette industrie artisanale ?

⑤ Il est important d'apprendre à ne pas succomber à ses _____s.

選択肢

désir	distance	meurtre
privé	séparation	traditionnelle

解答・解説 　　p.318

光学器械

instrument d'optique
optical **instrument**

□ 顕微鏡や望遠鏡は光学器械です。

Les microscopes et les télescopes sont des instruments optiques.

Microscopes and telescopes are optical instruments.

弦楽器

instrument à cordes
stringed **instrument**

□ シタールはインドの弦楽器です。

Le sitar est un instrument à cordes indien.

The sitar is an Indian stringed instrument.

追記: 比喩的に「道具、手段」の意味でも使われる。たとえば、Certains pensent que l'impôt progressif est un instrument d'égalité sociale. / *Some believe progressive tax is an instrument of social equality.* 「累進課税は社会的平等の手段であると信じている人たちがいます」といった具合。

（政府の）赤字財政、赤字融資   政治・経済 ▮

financement du déficit
deficit financing

□ 政府は赤字財政を再編成すると決めた。

Le gouvernement a décidé de réorganiser le financement du déficit.

The government has decided to reorganize the deficit financing.

赤字経営   政治・経済 ▮

gestion du déficit
deficit management

□ うちの社長は赤字経営のことをきちんと考えていなかったようだ。

Notre président ne semble pas avoir réfléchi à la gestion du déficit.

Our president does not seem to have though about the deficit management.

追記： 見出し語は「国や会社など公的な会計の不足」を指す。もし「（家計が）5万円の赤字だった」なら「損失」perte 囡 / loss を用いて Nous avons subi une perte de 50 000 yens / We suffered a loss of 50,000 yen. などと表現するが、être 50 000 yens dans le rouge / be 50,000 yen in the red. と文字通り「赤」も使える。

123 annuel, annuelle annual

年間収入 (年収)

revenu annuel
annual income

□ 日本では年収 1000 万円が高所得の目安とされる。

Au Japon, un revenu annuel de 10 millions de yens est considéré comme un revenu élevé.

In Japan, an annual income of 10 million yen is considered high income.

年中行事

évènement annuel
annual event

□ 年末の箱根旅行がわが家の年中行事です。

Un voyage à Hakone à la fin de l'année est un événement annuel pour notre famille.

A trip to Hakone at the end of the year is an annual event for our family.

関連語:「毎日の」quotidien(ne) / *daily, everyday*、「毎週の」hebdomadaire / *weekly*、「毎月の」mensuel(le) / *monthly*、「月 2 回の」bimensuel(le) / *biweekly*、「隔月の」bimestriel(le) / *bimonthly*、「半年ごとの」semestriel(le) / *biannual, half-yearly* など。

劇的効果 　　　　　　　　　　　　　　　 社会・生活(心理)

efficacité spectaculaire
dramatic effectiveness

☐ この育毛シャンプーはその劇的効果（有効性）で評判です。

Ce shampooing régénérateur de cheveux est réputé pour son efficacité spectaculaire.

This hair restoring shampoo is renowned for its dramatic effectiveness.

有効性評価 　　　　　　　　　　　　　　　　　　 政治・経済

évaluation de l'efficacité
effectiveness assessment

☐ 有効性評価は管理システムが組織に役立っているかどうか
を判断する基準です。

L'évaluation de l'efficacité est un critère permettant de juger si le système de management est utile pour l'organisation.

Effectiveness evaluation is a criterion for judging whether the management system is useful for the organization.

類義語: 英語では *efficacy* という類語もある。ただし、少々専門的だが医療レベルでは「実験や治験での有効性」が*efficacy*、「治療現場での有効性」なら *effectiveness* を用いる。

125　**phénomène**　phenomena

超常現象　　　　　　　　　　　　　　　　自然・科学

phénomènes paranormaux
paranormal phenomena

☐ このジャーナリストは超常現象に関するドキュメンタリーを
制作しています。

Ce journaliste fait des documentaire sur les
phénomènes paranormaux.

This journalist makes documentaries on paranormal
phenomena.

自然現象　　　　　　　　　　　　　　　　自然・科学

phénomène naturel
natural phenomenon

☐ 阿寒湖で見た神秘的な自然現象が忘れられません。

Je n'oublierai jamais le mystérieux phénomène naturel
que j'ai vu au lac Akan.

I will never forget the mysterious natural phenomenon I
saw at Lake Akan.

盲点: 見出し語は「驚異的な人（もの）」の意味でも使われる。
Ce monsieur aux cheveux blancs était un phénomène
dans le monde des affaires. / *That white-haired
gentleman was a phenomenon in the business world.*「あ
の白髪の紳士は実業界の異才だった」。

表面張力　　　　　　　　　　　　　　　　自然・科学

tension superficielle
surface tension

□ たとえば、ふきんで水が拭き取れるのは表面張力のためです。

Par exemple, c'est grâce à la tension superficielle que l'eau peut être essuyée avec un chiffon.

For example, it is thanks to surface tension that water can be wiped off with a cloth.

筋肉の緊張　　　　　　　　　　　　　　社会・生活(心理)

tension musculaire
muscle tension

□ 筋肉の緊張をほぐす方法（どうやって筋肉の緊張をほぐすか）が知りたいです。

Je voudrais savoir comment soulager les tensions musculaires.

I'd like to know how to relieve muscle tension.

語源： ten は〈太鼓の皮を周囲を鋲でとめてピーンと張る、伸ばす〉イメージ。「張りのある男性の高い音域の美声」を ténor 圐 / *tenor* と呼ぶのもそこからきている。踵の上部にある「筋（すじ）」＝「アキレス腱」は tendon d'Achille 圐 / *Achilles tendon* という。

政治献金　　　　　　　　　　　　　　　　　政治・経済

don politique
political **donation**

☐ わが社が政治献金を続ける見返りが何なのかお分かりに
なりませんか。

Ne savez-vous pas quel est le retour pour notre
entreprise de continuer à faire des dons politiques ?

Don't you know what the return is for our company to
continue to make political donations?

献血　　　　　　　　　　　　　　　　　社会・生活（心理）

don du sang
blood **donation**

☐ 献血はエホバの証人の宗教的信念に反するものだ。

Le don du sang va à l'encontre des croyances
religieuses des Témoins de Jéhovah.

Blood donations go against the religious beliefs of
Jehovah's Witnesses.

語源： don, dan は〈与える〉の意味（仏語 donner）。サ
ンスクリット語から日本語になった「檀家 danka」（寺に寄
進する家）も同根。「（臓器）提供者」は「ドナー」donneur,
donneuse / *donor* と呼ばれる。たとえば「心臓提供者」なら
un donneur [une donneuse] de cœur / *a heart donor* という。

精神薄弱 自然・科学

faiblesse mentale
mental weakness

□ この子には生まれつき精神薄弱と身体障害があります。

Cet enfant est né avec une faiblesse mentale et un handicap physique.

This child was born with a mental weakness and a physical disability.

精神年齢 社会・生活(心理)

âge mental
mental age

□ 一般に、実年齢と精神年齢には差があるものだ。

En général, il existe une différence entre l'âge physique et l'âge mental.

In general, there is a difference between physical age and mental age.

別例:「精神衛生」hygiène mentale / *mental hygiene*、「精神療法」guérison mentale / *mental healing*、「暗算」calcul mental / *mental arithmetic, mental calculation* など。

電気器具（電化製品）　社会・生活（心理）

・・

un appareil électrique
an electric appliance

☐ 新しい電化製品にすぐにとびつく人たちがいる。

Certaines personnes se tournent rapidement vers de nouveaux appareils électriques.

Some people quickly jump to new electric appliances.

電気刺激　自然・科学

・・

stimulation électrique
electric stimulation

☐ 電気刺激は不整脈の治療に使われている。

La stimulation électrique est utilisée pour traiter les arythmies.

Electric stimulation is used to treat arrhythmias.

補足：紀元前500年ごろ、哲学の始祖とされるThales（タレス）は琥珀（こはく）を摩擦すると帯電させられると知っていた。ギリシア語で「琥珀」は elektron という。蛇足だが、江戸時代、博物学者・平賀源内の復元したエレキテルは elektricteit（オランダ語「電気・電流」）がなまったもの。「摩擦起電器」と訳される。

130 suicide　suicide

自殺未遂　　　　　　　　　　　　　　社会・生活(心理)

tentative de suicide
attempted suicide

□ **彼女の自殺未遂の原因は失恋であったそうだ。**

On dit que la cause de sa tentative de suicide était un cœur brisé.

It is said that the cause of her attempted suicide was a broken heart.

自爆テロ　　　　　　　　　　　　　　政治・経済

attentat-suicide, attentat suicide
suicide bombing

□ **このテロリストグループは自爆テロを行なっている。**

Ce groupe terroriste utilise des attentats-suicides.

This terrorist group uses suicide bombings.

補足：「心中」は double suicide (d'amoureux) 男 / *double suicide* だが、「無理心中」double suicide forcé / *forced double suicide* となると、欧米ではこれを「殺人」という観点からとらえて、meurtre-suicide / *murder-suicide*（←「殺人自殺」）などとも呼んでいる。

語句説明

①〜⑤の定義に適合する単語を選択肢から選んでください。

① fait de se tuer volontairement

② action de donner une chose sans rien en échange

③ objet fabriqué, dont on se sert pour exécuter un travail de précision

④ ce qui manque pour que les recettes soient égales aux dépenses

⑤ fait qu'on peut observer

選択肢

déficit	don	instrument
phénomène	suicide	

解答・解説　　p.319

適文連結

①～⑤とA～Eの文を意味が通じるように結びつけてください。

① Il est peu probable

② Vous pouvez expliquer

③ La police ne sait pas encore

④ On ne sait pas si ce don politique sera utilisé au profit du peuple ou

⑤ La charge mentale des examens d'entrée pèse non seulement sur les étudiants

A mais aussi sur leurs parents.

B où ce phénomène étrange s'est produit ?

C que le déficit chronique de l'hôtel soit résolu aussi facilement.

D si c'est un meurtre ou un suicide.

E s'il ira dans les poches des politiciens.

解答・解説   p.319

入国審査 政治・経済

contrôle d'immigration
immigration inspection

☐ 入国審査はウイルス検査のためにかなりの時間がかかる。

Le contrôle d'immigration prend beaucoup de temps en raison des tests de virus.

Immigration inspection takes a considerable amount of time due to virus testing.

移民問題 政治・経済

question [problème] de l'immigration
immigration issue

☐ 移民問題の対応しだいで政権が転覆する可能性がないではない。

Il est possible que le gouvernement soit renversé selon sa réponse à la question de l'immigration.

It is possible that government be overthrown depending on its response to the immigration issue.

対義語：見出し語は「（他国からの）移民」〈im（内へ）+ migration（移住）〉を指す単語だが、反意となる「（他国への）移民」〈é（外へ）+ migration（移住）〉なら émigration 囡 / *emigration* という。

追加制裁　　　　　　　　　　　　　政治・経済 ▮

sanctions supplémentaires
additional sanctions

☐ ロシアは日本への<u>追加制裁を決定した</u>。

La Russie a décidé de sanctions supplémentaires contre le Japon.

Russia has decided on additional sanctions on Japan.

対中制裁措置　　　　　　　　　　　政治・経済 ▮

sanctions contre la Chine
sanctions against China

☐ 現政権は<u>中国への制裁措置を強化する方針を打ち立てた</u>。

L'administration actuelle a mis en place une politique de durcissement des sanctions contre la Chine.

The current administration has established a policy of tightening sanctions against China.

補足：「制裁、刑罰」の意味では複数形。「承認、許可」の意味でも使われる。Nous avons besoin de la sanction des autorités pour entrer dans ce laboratoire. / *We need the sanction of the authorities to enter this laboratory.*「この実験場に入るには当局の許可を要する」といった具合。

133　terroriste　terrorist

テロ活動　社会・生活(心理)

activité terroriste
terrorist activity

□ テロ活動を未然に防ぐのは難しい。

Les activités terroristes sont très difficiles à prévenir.

Terrorist activities are very difficult to prevent.

テロリストグループ（テロ集団）　社会・生活(心理)

groupe terroriste
terrorist group

□ 当局はテロリストグループ（テロ集団）の摘発に踏み切った。

Les autorités ont pris des mesures pour réprimer le groupe terroriste.

Authorities took steps to crack down on the terrorist group.

語源： terr は〈恐怖させる、おびやかす〉の意味。「恐怖」
terreur 囡 / terror、「恐ろしい」terrible / terrible、terrifier /
terrify「怖がらせる」などは同根。

感覚器官 自然・科学

....

organes sensoriels

sense **organs**

☐ 感覚器官とは目、耳、鼻、舌、および皮膚のことである。

Les organes sensoriels sont les yeux, les oreilles, le nez, la langue et la peau.

The sense organs are the eyes, ears, nose, tongue, and skin.

人工臓器 自然・科学

....

organes artificiels

arificials **organs**

☐ 人工臓器の開発は世界中で行なわれている。

Des organes artificiels sont développés partout dans le monde.

Artificial organs are being developed all over the world.

別例 : organes digestifs / *digestive organs*「消化器官」、greffe d'organe 女 / *organ transplant*「臓器移植」など。「(国家などの) 機関」の意味でも見出し語が使われる。La Diète est l'organe suprême du pouvoir de l'État. / *The Diet shall be the highest organ of state power.*「国会は国憲の最高機関である」。

離婚調停 社会・生活(心理)

. . . .

médiation du **divorce**
divorce mediation

□ いとこの離婚調停は泥沼状態だと聞いた。

J'ai entendu dire que la médiation du divorce de mon cousin est dans un bourbier.

I heard that my cousin's divorce mediation is in a quagmire.

離婚届 社会・生活(心理)

. . . .

papier du **divorce**
divorce paper

□ 離婚届に署名する際、私の元の妻が涙を見せた。

Ma ex-femme était en larmes lorsque nous avons signé les papiers du divorce.

My ex-wife was in tears as we signed the divorce papers.

語源： di〈バラバラに、別々に分ける〉+ vorce〈向きを変える〉が語源。ちなみに「(社会や集団に対して)個人」を意味する individu 男 / individual も同根で、〈in (できない) + divi (分ける) もの〉から生まれた。

古代文明 文化・歴史

civilisation antique
ancient civilization

☐ 彼には古代文明への知見がある。

Il a une connaissance des civilisations antiques.

He has knowledge of ancient civilizations.

文明開花 文化・歴史

fleurissement de la civilisation
flowering of civilization

☐ 明治初年に日本が急速に西洋化した現象を「文明開花」と呼んでいる。

Le phénomène d'occidentalisation rapide du Japon dans les premières années de l'ère Meiji est appelé « bunmeikaika » (fleurissement de la civilisation).

The phenomenon of Japan's rapid westernization in the early years of the Meiji period is called "bunmeikaika" (flowering of civilization).

語源: civ は civis〈市民〉、民が集まり「文明」になる。「礼儀」を意味する civilité 囡 / civility も同じ。元は「よき市民である状態、行動」の意味から 16 世紀半ばに「丁重さ」へと変化したとされる。

不法投棄　　　　　　　　　　　　　　　　社会・生活(心理)

> **déversement illégal**
> illegal dumping

☐ この山林への不法投棄があとを絶たない。

Il n'y a pas de fin au déversement illégal dans cette forêt.

There is no end to illegal dumping in this forest.

不法就労　　　　　　　　　　　　　　　　社会・生活(心理)

> **travail illégal**
> illegal work

☐ この界隈では外国人の不法就労が大きな問題になっている。

Le travail illégal d'étrangers est un gros problème dans ce domaine.

Illegal work of foreigners is a big problem in this area.

接頭辞：「否定」のニュアンスを表す -il, -im, -in, -ir は接続する語根に応じて変化する。以下形容詞の例。illisible / *illegible*「判読できない」、illogique / *illogical*「非論理的な」、immobile / *immobile*「動けない」、inarticulé(e) / *inarticulate*「(発音などが)不明瞭な」、irrationnel, irrationnelle / *irrational*「不合理な」など。

飛沫感染　　　　　　　　　　　　　　　　　　　　　　　　自然・科学

infection par gouttelettes
droplet infection

☐ 医療スタッフは何よりも飛沫感染を恐れていた。

Le personnel médical craignait plus que tout autre chose l'infection par gouttelettes.

The medical staff feared droplet infection more than anything else.

感染経路　　　　　　　　　　　　　　　　　　　　　　　　自然・科学

voie d'infection
route of infection, infection route

☐ 感染経路の特定は容易ではない。

Identifier la voie d'infection n'est pas facile.

Identifying the route of infection is not easy.

類義語: 見出し語は空気・水あるいは動物などからの「感染」が主で、「接触感染」なら contagion 囡 / contagion (形容詞 contagieux, contagieuse / contagious) を使う。

139　rural, rurale　rural

田園風景　　　　　　　　　　　　　　自然・科学

paysage rural
rural landscape

☐ この山間の田園風景は国の宝だ。

Le paysage rural dans ces montagnes est un trésor national.

The rural landscape in these mountains is a national treasure.

田舎暮らし（田舎の生活）　　　　　　社会・生活（心理）

vie rurale
rural life

☐ 田舎暮らしですこぶる大変なのは公共施設が少ないことと虫が多いことだ。

La partie la plus difficile de la vie rurale est le manque d'équipements publics et l'abondance d'insectes.

The hardest part of rural life is the lack of public facilities and the abundance of insects.

反対語：urbain(e) / *urban*「都会の、都市の、都会的な」（例：légende urbaine / *urban legend*「都市伝説」）。ただし「都市居住者、都会人」は英語では *urban dweller*、フランス語では citadin を用いる。

140　abus　abuse

麻薬の乱用　　　　　　　　　　　　　社会・生活(心理)

・・

abus de drogues
drug abuse

＊「薬物乱用」は abus de substances / *substance abuse* という。

□ 麻薬の乱用はすぐに中毒化する。

L'abus de drogues entraîne rapidement une
dépendance.

Drug abuse quickly results in addiction.

権限 (職権) の乱用　　　　　　　　　　社会・生活(心理)

・・

abus de pouvoir
abuse of power

□ 部長のふるまいは権限 (職権) の乱用です。

Le comportement du manager est un abus de pouvoir.

The manager's behavior is an abuse of power.

別例： abus sexuel / *sexual [sex] abuse*「性的暴力」、abus
sur mineur / *child abuse*「児童虐待」、abus d'autorité /
abuse of authority「職権乱用」など。

語句説明

①～⑤の定義に適合する単語を選択肢から選んでください。

① partie du corps remplissant une fonction particulière

② action de venir vivre dans un pays dont on n'est pas originaire

③ usage exagéré ou mauvais

④ séparation légale de deux personnes mariées

⑤ punition, ou plus rarement récompense, fixée par les lois ou les règlements

---

選択肢

abus	divorce	immigration
organe	sanction	

解答・解説　　p.319

整序問題

日本語に合うように①～④の [　] 内の語句を適当な順に並べ替えてください。

① 乗客は全員、着陸時に入国審査を通過する必要があります。

Tous les passagers doivent passer par [à, le, contrôle, l'atterrissage, d'immigration].

② この場所への不法投棄は30万円以下の罰金が課せられます。

Le [dans, zone, cette, illégal, déversement] sera passible d'une amende pouvant aller jusqu'à 300 000 yens.

③ こうしたのどかな田園風景は見ているだけで心が洗われるようだ。

Le simple fait [ce, de, rural, paysage, regarder] idyllique semble me nettoyer l'esprit.

④ いくらなんでも、このような不当な職権濫用は直ちにやめていただきたい。

Quoi qu'il en soit, je veux que vous arrêtiez immédiatement ce [d'abus, de, genre, injuste, pouvoir] !

解答・解説　　　p.320

243

侵略戦争 政治・経済

guerre d'agression
war of aggression

* guerre d'invasion / *invasion war* ともいう。

☐ 侵略戦争は世界中で起こっているが、誰もそのことを積極的に語らない。

Des guerres d'agression se déroulent partout dans le monde, mais personne n'en parle positivement.

Wars of aggression are taking place all around the world, but nobody is talking about them positively.

侵略行為 政治・経済

acte d'agression
act of aggression

☐ この地域では近隣諸国による侵略行為が日常的に発生している。

Les actes d'agressions des pays voisins dans cette zone sont quotidiens.

The acts of aggression of neighboring countries in this area occur daily.

語源： progrès 男 / *progress* が「進 "歩"」と訳されるように grès / *gress* は「歩く」の意味。見出し語は〈相手に ag「向かって」＋歩いて行くこと〉から。「横へそれて "歩く"」と digression 女 / *digression* は「余談、脱線」の意味。

142 temporaire temporary

仮設住宅

logement temporaire
temporary housing

☐ おじは現在宮城県の仮設住宅で暮らしている。

Mon oncle vit actuellement dans un logement temporaire dans la préfecture de Miyagi.

My uncle currently lives in temporary housing in Miyagi prefecture.

臨時スタッフ、派遣社員

travailleur temporaire
temporary staff

☐ 彼はかれこれ1年間ここで派遣社員として働いている。

Il travaille comme travailleur temporaire ici depuis environ un an maintenant.

He has been working as a temporary staff here for about a year now.

＊フランス語では「派遣社員」を intérimaire 名 ともいう。

語源：temp は「時」の意味。たとえば、tempe 女 / temple 「こめかみ」は脈拍を測ることができる身体部、つまり「時」に関係する。また、そもそも「時節」を意味した tempête 女 / tempest は「嵐の季節」から「暴風雨」へと転じた。

143   **correspondance**   correspondence

通信講座 社会・生活(心理)

cours [enseignement] par correspondance
correspondence course

□ 姉 (妹) は商業デザインを習うために通信講座を始めた。

Ma sœur a commencé un cours par correspondance
pour apprendre le design commercial.

My sister started a correspondence course to learn
commercial design.

言行一致 社会・生活(心理)

correspondance entre ses paroles et
ses actes
correspondence between one's words and
actions

□ 彼の言行一致は非の打ちどころがない。

La correspondance entre ses paroles et ses actes est
impeccable.

The correspondence between his words and actions is
impeccable.

FA：仏語 correspondance は「(交通機関の) 連絡、乗り換
え」の意味があるが、英語では *connections, transfer* といっ
た語を使う。たとえば un couloir de correspondance / *a
connecting corridor* は「連絡通路」のこと。

貿易収支 政治・経済

balance commerciale
trade balance

□ 貿易収支が昨年黒字に転換した。

La balance commerciale est devenue positive l'an dernier.

The trade balance turned positive last year.

勢力均衡 政治・経済

balance des forces
balance of forces

□ 勢力均衡は両国間の平和維持には不可欠だ。

La balance des forces est essentielle au maintien de la paix entre les deux pays.

The balance of forces is essential to maintaining peace between the two countries.

FA：仏英ともに〈中心：釣り合いをとるもの〉という意味から生まれた語。ただし、次のような例では英仏で言い回しが違う。「平均台」balance beam / poutre d'équilibre 囡、「バランスシート（貸借対照表）」balance sheet / bilan 男（ただし、balance d'inventaire という言い方もする）など。

territorial, territoriale territorial

領土問題　　　　　　　　　　　　　　　　　政治・経済

conflit territorial
territorial dispute

☐ 国際政治には領土問題がついてまわる。

Les conflits territoriaux suivent la politique internationale.

Territorial disputes follow international politics.

領海侵犯　　　　　　　　　　　　　　　　　政治・経済

intrusion dans les eaux territoriales
intrusion into **territorial** waters

☐ 領海侵犯は許されない違反です。

L'intrusion dans les eaux territoriales est une violation impardonnable.

Intrusion into territorial waters is an unforgivable violation.

＊ただし「領空侵犯」と違い、「領海侵犯」は正式な法的用語ではない。

語源：terr は〈土地〉のこと。territoire 男 / territory は「領土、（学問の）領域」を指し、1 章でも触れたように「地中海」は「土地・大陸の中（間）にある」ので la mer Méditerranée / the Mediterranean Sea となる。

平均気温   自然・科学

température moyenne
average **temperature**

□ 南極点の平均気温は世界平均の 3 倍の速さで上昇している。

Les températures moyennes au pôle Sud augmentent trois fois plus vite que la moyenne mondiale.

Average temperatures at the South Pole are rising three times faster than the global average.

平熱   自然・科学

température normale
normal **temperature**

□ うちの娘は平熱が高い。

Notre fille a une température normale élevée.

Our daughter has a high normal temperature.

語源：temper は「血液」「粘液」「黄胆汁」「黒胆汁」の「混合、加減」を意味する古代の医学に由来。その 4 種の液体の配合によって tempérament 男 / temperament, temper「体質、気質」が決まると考えられていた。

英文読解

compréhension écrite en anglais
English reading comprehension

☐ 入試では英文読解が決まって出題される。

La compréhension écrite en anglais est toujours incluse dans les examens d'entrée.

English reading comprehension is always included in entrance exams.

（言語能力を確認する）リスニングテスト

compréhension orale
listening comprehension

☐ 英語のリスニングテストの平均点が 4 割を下回った。

La note moyenne de la compréhension orale en anglais était inférieur à 40%.

The average score of the English listening comprehension was below 40%.

＊文字通りに test d'écoute / listening test ともいう。

別例：もちろん「理解、理解力」の意味でも使われる。典型例のひとつは C'est au-delà de notre compréhension. / It is beyond our comprehension.「それは私たちには理解できない」といった言い回し。

148 spirituel, spirituelle spiritual

精神修養 〔社会・生活(心理)〕

entraînement spirituel
spiritual training

□ 座禅は言うなれば精神修養の妙薬だ。

Zazen est, pour ainsi dire, un élixir d'entraînement spirituel.

Zazen is, so to speak, an elixir of spiritual training.

精神的指導者 〔社会・生活(心理)〕

chef spirituel
spiritual leader

□ 精神的指導者が間違った道に進むと手に負えない狂気集団を生むことがある。

Lorsqu'un chef spirituel emprunte le mauvais chemin, cela peut créer un fou indiscipliné.

When a spiritual leader goes down the wrong path, it can create an unruly madman.

別例・語源：un monde spirituel / *a spiritual world*「霊界」、guérison spirituelle / *spiritual healing*「精神的な癒やし」。なお、spir は「息をする」の意味。呼吸することで元気が出るし、「精神」が働くことになる。

祖先崇拝 社会・生活(心理)

culte des ancêtres
ancestor worship

☐ 日本には祖先崇拝の意識が根強くある。

Il existe une croyance profondément enracinée dans le culte des ancêtres au Japon.

There is a deep-rooted belief in ancestor worship in Japan.

先祖供養 社会・生活(心理)

service commémoratif pour ses ancêtres
memorial service for one's ancestors

☐ 祖母にもしも先祖の供養を怠るとわが身に不幸が起こると言われた。

Ma grand-mère m'a dit que si je négligeais d'organiser un service commémoratif pour mes ancêtres, je subirais le malheur.

My grandmother told me that if I neglected to hold a memorial service for my ancestors, I would suffer misfortune.

反対語:「子孫」descendant(e) / *descendant* (← descend 〈降りる、くだる〉+ant 〈人〉)。

150　utilité　utility

公益事業　政治・経済

travaux d'**utilité** publique
public **utility** works

□ **公益事業は私たちの生活に不可欠なものです**。

Les travaux d'utilité publique font partie intégrante de nos vies.

Public utility works are an integral part of our lives.

FA：英語 *utility* がフランス語 services publics に相当するケースも多い（例：「公共料金」tarif des services publics 男 / *utility rate*）。

限界効用　政治・経済

utilité marginale
marginal **utility**

□ **「限界効用」はミクロ経済学の消費者理論で用いられる概念である**。

« L'utilité marginale » est un concept utilisé dans la théorie microéconomique du consommateur.

"Marginal utility" is a concept used in consumer theory of microeconomics.

＊かいつまんでいえば、手に入りやすいものは、手に入りにくいものに比べて入手した際の「満足度」（これを「限界効用」と呼ぶ）が低いといったこと。

二者択一

①〜④の [　] に入る適当な語句は a,b のいずれか答えてください。

① [a : Une balance d'inventaire / b : Une balance ordinaire] est un document qui montre l'état des actifs et des passifs afin de clarifier la situation financière d'une entreprise.

② [a : L'expansion territoriale / b : Le plaisir spirituel] semble être une priorité absolue pour le pays voisin.

③ Avez-vous essayé d'estimer [a : le couloir de correspondance / b : l'utilité sociale] de cette dernière technologie ?

④ Pour des raisons inconnues, [a : la respiration / b : la température] du patient augmente et baisse rapidement.

解答・解説　　p.320

適語句選択

①〜⑤の [　] の空所に入る適当な語句を選択肢から選んでください。なお、設問の性質上、文頭でも選択肢は小文字になっています。

① Est-il correct de supposer que Jean-Paul Sartre est
_____ ?

② Ce matériau est très sensible _____ .

③ _____ du pays n'a jamais été
excédentaire.

④ _____ continuent de s'intensifier
malgré les critiques internationales.

⑤ Trois ans après la catastrophe, le nombre de
personnes vivant dans _____ n'a pas
diminué du tout.

選択肢

aux changements de température

des logements temporaires

la balance commerciale

l'ancêtre de l'existentialisme

les actes d'agression du dictateur

解答・解説　　p.320

知覚機能

fonction de perception
perception function

□ 脳は私たちの知覚機能をつかさどる。

Le cerveau régit nos fonctions de perception.

The brain rules our perception functions.

歴史認識

perception historique
historical **perception**

□ ひとつの島に関する歴史認識の違いが大きな亀裂をもたらすことがある。

Les différences dans les perceptions historiques d'une île peuvent conduire à des divisions majeures.

Differences in historical perceptions about an island can lead to major rifts.

語源：〈視覚、聴覚などの五感を「通して」per+ceive「受け取る、つかむ、知る」〉から派生。

abolition abolition

死刑廃止 社会・生活(心理)

abolition de la peine de mort
abolition of the death penalty

☐ 死刑廃止は犯罪の増加につながると思いますか。

Pensez-vous que l'abolition de la peine de mort
conduira à une augmentation des crimes ?

Do you think the abolition of the death penalty will lead
to an increase in crime?

強制労働の廃止 社会・生活(心理)

abolition du travail forcé
abolition of forced labor

☐ こうした貧しい環境下で強制労働の廃止を叫んでもむなしい
気がする。

Dans un environnement aussi pauvre, il semble vain
d'appeler à l'abolition du travail forcé.

Under such a poor environment, it seems futile to call for
the abolition of forced labor.

補足：見出し語は「(法律・制度・慣習などの) 廃止、撤廃」
を意味する単語（別例：l'abolition des essais nucléaires /
the abolition of nuclear testing「核実験禁止」）。

平均寿命 (平均余命)　　　　　　　　　　　社会・生活 (心理)

espérance de vie moyenne
average life expectancy

□ 世界的に平均寿命は長くなっています。

L'espérance de vie moyenne augmente partout dans le monde.

The average life expectancy is increasing across the world.

* la durée de vie moyenne / *the average life span* ともいう。

(数学的な) 期待値　　　　　　　　　　　　自然・科学

espérance mathématique
mathematical expectation

□ 宝くじで 1 億円当たる (数学的な) 期待値はどれぐらいですか。

Quelle est l'espérance mathématique de gagner 100 millions de yens à la loterie ?

What is the mathematical expectation of winning 100 million yen in the lottery?

補足：日常的な意味の「期待値」なら valeur attendue 囡 / *expected value* という。

自然治癒（自然回復） 自然・科学

récupération **spontanée**
spontaneous recovery

☐ 適度な運動は自然治癒力を高める効果がある。

L'exercice modéré a pour effet d'augmenter le pouvoir de récupération spontanée.

Moderate exercise has the effect of increasing the power of spontaneous recovery.

自然発火（燃焼） 自然・科学

combustion **spontanée**
spontaneous combustion

☐ 火災の原因はコンセントからの自然発火だった。

La cause de l'incendie était la combustion spontanée d'une prise électrique.

The cause of the fire was the spontaneous combustion of an electrical outlet.

派生語：spontanéité 囡 / *spontaneity*「自発性、自然さ」（例：Ses propos manquaient de spontanéité. / *Her remarks lacked spontaneity.*「彼女の発言には不自然なところがあった（自然さを欠いていた）」）。

有機[無機]化学

政治・経済

chimie organique [inorganique]
organic [inorganic] chemistry

□ **有機化学も無機化学も暗記する項目が多いのが大変だ。**

Il est difficile de mémoriser de nombreux éléments en chimie organique et inorganique.

It is difficult to memorize many items in both organic and inorganic chemistry.

生化学

自然・科学

chimie biologique
biological chemistry

＊ biochimie 囡 / biochemistry も同義。

□ **生化学とはどのような学問分野ですか。**

Quel genre de domaine universitaire est la chimie biologique ?

What kind of academic field is biological chemistry?

> **語源：**「錬金術」は非科学ではない。化学的手段を使って卑金属から貴金属（特に金）を精錬しようとする試みを指す単語。事実、「錬金術師」alchimiste 图 / alchemist から al が消失した単語が chimiste 图 / chemist「化学者」なのだから。

156 **fraude** fraud

粉飾決算、不正会計 政治・経済

fraude comptable
accounting fraud

□ 資産の過大計上は粉飾決算のひとつである。

La surévaluation des actifs d'une entreprise est une forme de fraude comptable.

Overstating a company's assets is one form of accounting fraud.

保険金詐欺 社会・生活(心理)

fraude à l'assurance
insurance fraud

□ マンションの管理人が保険金詐欺でつかまった。

Un gérant d'appartement a été arrêté pour fraude à l'assurance.

An apartment manager was arrested for insurance fraud.

別例： fraude au mariage / *marriage fraud*「結婚詐欺」、fraude immobilière / *real estate fraud*「不動産詐欺」。

予防医学

médecine préventive
preventive medicine

□ 予防医学が世間にもっと広く認知されればいいと思う。

Je pense que la médecine préventive devrait être plus largement reconnue dans le monde.

I think that preventive medicine should be more widely recognized in the world.

予防策

mesures préventives
preventive measures

□ かつて、天然痘に対する予防策はないと考えられていた。

On croyait autrefois qu'il n'y avait pas de mesures préventives contre la variole.

It was once believed that there were no preventive measures against smallpox.

語源:〈vent「来る」〉、見出し語は〈pre「前に」来て通さない〉イメージの単語。prévention 囡 / prevention で「防止、予防」(例：la prévention des incendies / the prevention of fire「火災予防」)。

集中治療 　　　　　　　　　　　　　　　　　自然・科学

soins intensifs
intensive care

□ この重篤な患者にはすぐに集中治療が必要です。

Ce patient gravement malade nécessite des soins intensifs immédiats.

This critically ill patient requires immediate intensive care.

集中講座 　　　　　　　　　　　　　　　　　文化・歴史

cours intensif
intensive course

□ 彼女はフランス語の集中講座を申し込んだ。

Elle s'est inscrite à un cours intensif de français.

She signed up for an intensive French course.

別例： unité de soins intensifs (USI) 囡 / *intensive care unit (ICU)* 「集中治療室（病棟）」、agriculture intensive 囡 / *intensive agriculture [farming]* 「集約農業」。

抽象芸術 文化・歴史

- -

art abstrait
abstract art

☐ 私には**抽象芸術の価値**がよくわかりません。

Je ne comprends pas vraiment la valeur de l'art abstrait.

I don't really understand the value of abstract art.

抽象名詞 文化・歴史

- -

nom abstrait
abstract noun

☐ 「愛」という**抽象名詞**は非常に複雑な意味を持つ言葉です。

Le nom abstrait « amour » est un mot aux connotations très complexes.

The abstract noun "love" is a word with really complex connotations.

語源： 1 章でも触れたが、この tra は〈引く〉というニュアンス。見出し語は「実体から〈引き〉+ ab〈離す〉」ので「抽象」の意味。たとえば、「契約（書）」も〈con「互いに」+「引き合って成立する」〉ものなので、contrat 男 / contract という。

異国情緒 文化・歴史

atmosphère **exotique**
exotic atmosphere

☐ 長崎の異国情緒あふれる街並みが好きです。

J'aime l'atmosphère exotique de certaines rues de Nagasaki.

I love the exotic atmosphere of some Nagasaki streets.

エキゾチックな魅力 文化・歴史

charme **exotique**
exotic charm

☐ このホテルのエキゾチックな魅力が観光客をひきつけてやまない。

Le charme exotique de cet hôtel ne cesse d'attirer les touristes.

The exotic charm of this hotel never ceases to attract tourists.

発音： exotic の読みは [米] igzátik ／ [英] igzɔ́tik で、仮名書きでイグザティク（イグゾティク）となる点に注意。

二者択一

①〜⑤の [　] に入る適当な語句は a,b のいずれか答えてください。

① La guerre et les catastrophes naturelles réduisent
[a : la taille moyenne / b : l'espérance de vie].

② Comme je travaille pour une compagnie de
transport, [a : l'abolition de l'esclavage / b :
l'abolition d'une ligne de bus déficitaire] me peine.

③ Mon grand-père est aux [a : mesures préventives /
b : soins intensifs] depuis avant-hier.

④ [a : L'aliment liquide / b : L'oxygène liquide] est
utilisé comme améliorateur de combustion pour
l'hydrogène, le principal carburant des moteurs de fusée.

⑤ Nagasaki, qui a ouvert ses portes au monde
extérieur même pendant la période d'isolement,
est connue comme [a : une ville à l'atmosphère
exotique / b : une ville universitaire].

解答・解説　　p.321

整序問題

日本語に合うように①〜④の [   ] 内の語句を適当な順に並べ替えてください。

① 壁のコンセントからの自然発火は、しばしば火災の原因となります。

[des, combustion, la, prises, spontanée] murales provoque souvent des incendies.

② 日本にとって今は死刑の廃止について議論するのに適切な時期ではないと思います。

Je ne pense pas que c'est le bon moment pour le Japon de discuter de [de, de, la, peine, l'abolition] mort.

③ 飛沫感染をどう防げばいいと思いますか。

Comment pensez-vous [devrait, gouttelettes, l'infection, par, que] être évitée ?

④ この地域では何十年も前から選挙違反が幾度も繰り返されています。

Il y a eu [des, dans, répétées, fraudes, électorales] la région pendant des décennies.

解答・解説　　p.322

補 遺

補遺 No.1

空欄を埋めましょう

補遺 No.2

例文

空欄を埋めましょう（眺めているだけでも単語力増強になる）

161

悪□腫□

tumeur maligne
malignant tumour

162

育□休□

congé parental
parental leave

163

宇□資□

ressources spatiales
space resources

164

栄□不□
（失調）

malnutrition
malnutrition

165

音□療□

musicothérapie
musicotherapy, music therapy

166

機□均□

égalité des chances
equal opportunity

167

記□会□

conférence de presse
press conference

168

規□緩□

déréglementation
deregulation

169

□育□関

établissement d'enseignement
educational institution

170

□制□還
（国外追放）

déportation
deportation

171

□迫□念

obsession
obsession

172

□権□治

ploutocratie
plutocracy

173

□行□金

dépôts bancaires
bank deposits

174

□所□惑

nuisance pour le voisinage
nuisance to the neighborhood

175

□断□状

symptômes de sevrage
withdrawal symptoms

176

□水□理

traitement des eaux usées
sewage treatment

177

広□収□ revenu publicitaire
advertising revenue

178

合□洗□ détergent synthétique
synthetic detergent

179

抗□物□ antibiotiques
antibiotics

180

骨□鬆□ ostéoporose
osteoporosis

181

再□医□ médecine régénérative
regenerative medicine

182

在□勤□ télétravail
telecommuting, teleworking

183

時□厳□ ponctualité
punctuality

184

四□計□ les quatre opérations arithmétiques de base
（四則演算） *the four basic arithmetic operations*

185

□法□士

scrutateur judiciaire
judicial scrivener

186

□由□義

libéralisme
liberalism

187

□中□雨

pluie torrentielle
torrential rain

188

□任□説

discours inaugural
inaugural address

189

□児□医

pédiatre
pediatrician

190

□得□差

disparité de revenu
income disparity

191

□児□満

obésité infantile
childhood obesity

192

□報□洩

fuite d'informations
information leak

193

食□連□

chaîne alimentaire
food chain

194

神□衰□

dépression nerveuse
nervous breakdown

195

新□名□

néopronom
neopronoun

196

新□社□

nouvel employé, nouvelle employée
new employee

197

心□停□

arrêt cardiopulmonaire
cardiopulmonary arrest

198

森□伐□

déforestation
deforestation

199

水□養□

aquaculture
aquaculture

200

政□参□

participation politique
political participation

201

□対□数

majorité absolue
absolute majority

202

□伏□間

période d'incubation
incubation period

203

□関□係

corrélation
correlation

204

□物□性

snobisme
snobbery

205

□外□精

fécondation in vitro
in vitro fertilization

206

□衆□学

littérature populaire
popular literature

207

□化□素

hydrocarbures
hydrocarbons

208

□思□考

méditation profonde
profound meditation

209

帝□切□

césarienne
Caesarean section, C-section

210

等□数□

progression géométrique
geometric progression

211

突□変□

mutation
mutation

212

内□監□

audit interne
internal audit

213

二□否□

double négation
double negative

214

入□願□

demande d'admission
application for admission

215

人□国□

trésor national vivant
living national treasure

216

人□工□

ergonomie
ergonomics

217

□雨□線

front de pluie saisonnier
seasonal rain front

218

□壊□為

vandalisme
vandalism

219

□常□態

état d'urgence
state of emergency

220

□難□練

exercice d'évacuation
evacuation drill

221

□栄□化

eutrophisation
eutrophication

222

□快□数

indice d'inconfort
discomfort index

223

□価□数

indice des prix
price index

224

□流□点

base logistique
logistics base

225

平□条□
traité de paix
peace treaty

226

報□措□
（国家間の）
mesure de représailles
retaliatory measure

227

母□本□
instinct maternel
maternal instinct

228

哺□動□
mammifères
mammals

229

無□派□
électeurs non partisans
non-partisan voters

230

名□毀□
diffamation
defamation, libel

231

毛□血□
capillaire
capillary

232

木□建□
architecture en bois
wooden architecture

233

□柔□断　indécision
indecision, indecisiveness

234

□便□号　code postal
zip code, postal code

235

□霊□敷　maison hantée
（お化け屋敷）　*haunted house*

236

□求□満　frustration
frustration

237

□防□種　vaccination
vaccination

238

□論□作　manipulation de l'opinion publique
public opinion manipulation

239

□行□程　itinéraire
（旅程）　*itinerary*

240

□床□験　essai clinique
clinical trial

例文

161

医者から**悪性腫瘍**だと言われたとき、彼はわっと泣き出した。

☐ Il a fondu en larmes quand le médecin lui a dit que c'était une tumeur maligne.

He burst into tears when the doctor told him it was a malignant tumor.

162

うちの会社は中小企業なので、**育児休暇**の従業員の代わりを手配することが困難です。

☐ Notre société est une petite entreprise, il est donc difficile d'organiser le remplacement d'un employé en congé parental.

Our company is a small business, so it is difficult to organize the replacement of a worker on parental leave.

＊なお、「有給休暇」は un congé payé / a paid holiday という。

163

大国は**宇宙資源**の開発に本腰を入れている。

☐ Les grandes puissances sont sérieuses quant au développement des ressources spatiales.

The major powers are serious about developing space resources.

164

この地区で暮らす子どもたちの大半は**栄養失調**だ。

☐ La plupart des enfants vivant dans ce quartier souffrent de malnutrition.

Most of the children living in this district suffer from malnutrition.

165

音楽療法は心身の健康を維持、回復するのに役立つ。

☐ La musicothérapie aide à maintenir et à rétablir la santé physique et mentale.

Musicotherapy helps maintain and restore physical and mental health.

*他に「温泉療法」balnéothérapie（医学用語）, cure thermale / *balneotherapy, spa therapy*、「読書療法」bibliothérapie, thérapie par la lecture / *bibliotherapy, reading therapy* なども ある。

166

大事なのは誰にでも**機会均等**であることだ。

☐ L'important, c'est l'égalité des chances pour tous.

The important thing is equal opportunity for everyone.

167

贈収賄で起訴された政治家の**記者会見**は惨めなものだった。

☐ La conférence de presse de l'homme politique accusé de corruption a été misérable.

The press conference of the politician accused of corruption was miserable.

168

大麻の**規制緩和**は経済にプラスの影響を与えると言う人もいます。

☐ Certains disent que la déréglementation du cannabis aurait un impact positif sur l'économie.

Some say that the deregulation of cannabis would have a positive impact on the economy.

169

この**教育機関**には優秀な研究者が集っている。

☐ Cet établissement d'enseignement attire d'excellents chercheurs.

This educational institution attracts excellent researchers.

170

スパイの嫌疑がかかった外交官に対して**強制送還**（国外追放）の判断が下された。

☐ Un diplomate accusé d'espionnage a été condamné à la déportation.

A diplomat suspected of being a spy was sentenced to deportation.

171

上司は**強迫観念**に取り憑かれている。

☐ Mon chef est en proie à une obsession.

My boss is in the grip of an obsession.

172

その国が**金権政治**であるとの批判を受けてからかれこれ10年になる。

☐ Cela fait dix ans que le pays a été critiqué pour être une ploutocratie.

It has been ten years since the country was criticized for being a plutocracy.

173

金利がこれだけ低いと**銀行預金**はほとんど意味がない。

☐ Avec des taux d'intérêt aussi bas, les dépôts bancaires n'ont guère de sens.

With interest rates this low, bank deposits make little sense.

174

ゴミを勝手に捨てられるのは**近所迷惑**です。

☐ C'est une nuisance pour le voisinage que les ordures soient jetées sans autorisation.

It is a nuisance to the neighborhood that garbage is thrown away without permission.

175

ヘロインの**禁断症状**は想像を絶するものだ。

☐ Les symptômes de sevrage de l'héroïne sont inimaginables.

Heroin withdrawal symptoms are unimaginable.

176

都市の**下水処理**はシステムをきちんと整備するところから始まる。

☐ Le traitement des eaux usées urbaines commence par un bon entretien du système.

Urban sewage treatment begins with proper maintenance of the system.

177

Youtuber の主な収入源は**広告収入**です。

☐ Les revenus publicitaires sont la source principale de revenus pour les Youtubeurs.

Advertising revenue is the main source of income for Youtubers.

178

合成洗剤は石油と油脂を化学合成して作られたものです。

☐ Les détergents synthétiques sont fabriqués en synthétisant chimiquement du pétrole et des graisses.

Synthetic detergents are made by chemically synthesizing petroleum and fats.

179

抗生物質に反応して母の全身が腫れた。

☐ Le corps entier de ma mère a gonflé en réaction aux antibiotiques.

My mother's entire body swelled up in reaction to the antibiotics.

180

加齢による**骨粗鬆症**はある程度致し方ない。

☐ L'ostéoporose liée à l'âge est inévitable dans une certaine mesure.

Age-related osteoporosis is unavoidable to some extent.

*「歯槽膿漏」pyorrhée, pyorrhée alvéolaire / *pyorrhoea, alveolar pyorrhea*、「眼精疲労」asthénopie, fatigue des yeux / *asthenopia, eyestrain* なども確認しておきたい。

181

iPS 細胞は**再生医療**に大いに貢献している。

☐ Les CSPi apportent de grandes contributions à la médecine régénérative.

IPSC are making great contributions to regenerative medicine.

* iPS 細胞は「人工多能性幹細胞」*induced pluripotent stem cells*（*iPSC*）/ cellules souches pluripotentes induites（CSPi）のこと。

182

在宅勤務（テレワーク）のいいところは、満員電車のストレスから解放されることです。

☐ L'avantage du télétravail est que vous pouvez vous libérer du stress des trains bondés.

The good thing about telecommuting is that you can be freed from the stress of crowded trains.

183

時間厳守は私たちのモットーです。

☐ La ponctualité est notre devise.

Punctuality is our motto.

184

この3歳の男の子はすでに**四則計算**をマスターしている。

☐ Ce garçon de trois ans maîtrise déjà les quatre opérations arithmétiques de base.

This three-year-old boy has already mastered the four basic arithmetic operations.

cf. 加減乗除　addition, soustraction, multiplication, division
addition, subtraction, multiplication and division

185

マンション購入の際には**司法書士**に世話になった。

☐ Lorsque j'ai acheté un appartement, j'ai été aidé par un scrutateur judiciaire.

When I bought an apartment, I was helped by a judicial scrivener.

186

自由主義とは、人々がなんでも好き勝手にやっていいという意味ではありません。

☐ Le libéralisme ne signifie pas que les gens peuvent faire ce qu'ils veulent.

Liberalism does not mean that people can do whatever they want.

187

ここ数年、**集中豪雨**の被害が少しずつ大きくなっている。

☐ Au cours des dernières années, les dégâts causés par les pluies torrentielles ont progressivement augmenté.

Over the past few years, the damage caused by torrential rains has gradually increased.

188

大統領は**就任演説**で軍事にかかる支出を増やす意向を表明した。

☐ Dans son discours inaugural, le président a exprimé son intention d'augmenter les dépenses militaires.

In his inaugural address, the president expressed his intention to increase military spending.

189

あの**小児科医**は名医だと評判です。

☐ Ce pédiatre a la réputation d'être un grand médecin.

That pediatrician has a reputation for being a great doctor.

＊他に「婦人科医」gynécologue / gynecologist、「皮膚科医」dermatologue / dermatologist、「精神科医」psychiatre / psychiatrist、「肛門科医」proctologue / proctologist など。

190

職業別の**所得格差**はかなり大きい。

☐ Les disparités de revenu selon la profession sont assez importantes.

Income disparities by occupation are quite large.

287

191

小児肥満が健康に与える影響は想像以上です。

☐ L'impact de l'obésité infantile sur la santé dépasse l'imagination.

The impact of childhood obesity on health is beyond imagination.

192

警察は**情報漏洩**を外国政府と関係する高官が原因だと突き止めた。

☐ La police a remonté la fuite d'informations à un haut fonctionnaire en lien avec un gouvernement étranger.

The police traced the information leak to a high-ranking official tied to a foreign government.

＊ fuite de données / data breach「データ侵害（漏洩）」も類義語。

193

特定重要種が集中的に狩猟されて、その場の**食物連鎖**全体が危険にさらされています。

☐ La chasse intense de certaines espèces clé a mis en péril la chaîne alimentaire locale entière.

The intensive hunting of certain key species has endangered the entire local food chain.

194

あの人の暗い雰囲気は**神経衰弱**によるものです。

☐ L'atmosphère sombre de cette personne est due à une dépression nerveuse.

That person's dark atmosphere is due to a nervous breakdown.

195

新代名詞とは、性別の定義に当てはまらない非差別的な代名詞のことです。

☐ Les néopronoms sont des pronoms non discriminatoires qui ne correspondent pas à la définition du genre.

Neopronouns are non-discriminatory pronouns that do not fit the gender definition.

196

今年の**新入社員**はすでにやる気がなくなっているようだ。

☐ Les nouveaux employés de cette année semblent déjà démotivés.

This year's new employees seem already demotivated.

197

女性ひとりが電車内から**心肺停止**の状態で見つかった。

☐ Une femme a été retrouvée dans le train en état d'arrêt cardiopulmonaire.

A woman was found in the train in a state of cardiopulmonary arrest.

198

無秩序な**森林伐採**は取り返しのつかない未来を生みだしている。

☐ La déforestation non réglementée crée un avenir irréversible.

Unregulated deforestation is creating an irreversible future.

199

この先、**水産養殖**はますます進化し続けます。

☐ À l'avenir, l'aquaculture continuera d'évoluer.

In the future, aquaculture will continue to evolve.

200

世界のほぼ 90％が 18 歳で選挙権という形で**政治参加**を認めている。

☐ Environ 90% du monde accepte la participation politique sous forme de droit de vote à l'âge de 18 ans.

Approximately 90% of the world accepts political participation in the form of voting rights at the age of 18.

201

保守勢力が議会の**絶対多数**を占めた。

☐ Les conservateurs avaient la majorité absolue au parlement.

Conservatives had an absolute majority in parliament.

202

新しいウイルスの**潜伏期間**はまだはっきりしていない。

☐ La période d'incubation du nouveau virus n'est toujours pas claire.

The incubation period of the new virus is still unclear.

203

わが社の従業員の学歴と営業成績の間にはっきりした**相関関係**はありません。

☐ Il n'y a pas de corrélation claire entre le niveau d'éducation de nos employés et leur performance commerciale.

There is no clear correlation between the elevel of education of our employees and their sales performance.

204

私には上司の**俗物根性**が我慢なりません。

☐ Je ne supporte pas le snobisme de mon patron.

I can't stand my boss's snobbery.

205

医師は患者に不妊治療の一環として**体外受精**を受けるようにと勧めた。

☐ Le médecin a conseillé à la patiente la fécondation in vitro dans le cadre de son traitement de fertilité.

The doctor recommended in vitro fertilization to the patient as part of her fertility treatment.

206

大衆文学はエンターテイメントの文学で、面白い読み物を指している。

☐ La littérature populaire est une littérature de divertissement, qui fait référence à une lecture intéressante.

Popular literature is entertainment literature, which refers to interesting reading.

*いわゆる日本式の「純文学」なら littérature classique / *classic literature* といった言い方を使う。

207

炭化水素は炭素と水素からなる有機化合物です。

☐ Les hydrocarbures sont des composés organiques composés de carbone et d'hydrogène.

Hydrocarbons are organic compounds composed of carbon and hydrogen.

208

私は僧侶たちがじっと**沈思黙考**する後ろ姿に魅せられた。

☐ J'étais fasciné par la vue du dos de moines en méditation profonde.

I was fascinated by the view of the backs of monks in profound meditation.

209

私の妻は自然分娩にこだわり、**帝王切開**を望まなかった。

☐ Ma femme a insisté pour avoir un accouchement naturel et ne voulait pas de césarienne.

My wife insisted on having a natural birth and didn't want a C-section.

* 英語は C-section と略称する。ちなみに、日本の医療関係者はローマ皇帝から「カイザー」と呼んだり、「帝切」と略すそうだ。

210

息子は**等比数列**を学習したあたりから数学が苦手になりました。

☐ Mon fils est devenu faible en mathématiques à peu près au moment où il a appris les progressions géométriques.

My son became weak in mathematics around the time he learned geometric progressions.

211

生物の進化は**突然変異**と自然淘汰の繰り返しだと言われる。

☐ On dit que l'évolution biologique est un cycle de mutation et de sélection naturelle.

Biological evolution is said to be a cycle of mutation and natural selection.

212

今回の**内部監査**の目的は社内の不正防止にあります。

☐ Cet audit interne a pour objectif de prévenir les fraudes au sein de l'entreprise.

The purpose of this internal audit is to prevent fraud within the company.

213

ご存知のように**二重否定**は肯定の意味です。

☐ Comme vous le savez, la double négation signifie l'affirmation.

As you know, double negative means affirmation.

214

本学の**入学願書**は郵送ではなくオンラインで提出してください。

☐ Veuillez soumettre votre demande d'admission à notre université en ligne et non par courrier.

Please submit your application for admission to our university online, not by mail.

215

あの宮大工は昨年**人間国宝**になった。

☐ Ce charpentier de temple est devenu un trésor national vivant l'année dernière.

That temple carpenter became a living national treasure last year.

216

人間工学の専門家は、工場労働者の非効率性をつぶさに調査した。

☐ Les experts en ergonomie ont examiné de plus près les inefficacités des ouvriers d'usine.

Ergonomics experts have taken a closer look at the inefficiencies of factory workers.

217

梅雨前線が停滞するため、明日、関東地方で大雨の恐れがあります。

☐ En raison du ralentissement du front de pluie saisonnier, il y a un risque de fortes pluies dans la région du Kanto demain.

Due to the slowdown of the seasonal rain front, there is a risk of heavy rain in the Kanto region tomorrow.

＊「線状降水帯」は ceinture de pluie linéaire / linear rain belt という。

218

世界的な文化財や芸術への**破壊行為**は絶対に許されるものではない。

☐ Le vandalisme des biens culturels et de l'art de classe mondiale est absolument inacceptable.

The vandalism of world-class cultural assets and art is absolutely unacceptable.

219

政府は海岸地域に**非常事態**を宣言した。

☐ Le gouvernement a déclaré l'état d'urgence pour les zones côtières.

The government has declared a state of emergency for coastal areas.

220

工場では年に1度の**避難訓練**が義務付けられています。

☐ Les usines sont tenues d'effectuer un exercice d'évacuation une fois par an.

Factories are required to conduct an evacuation drill once a year.

221

富栄養化はアオコの異常増殖の原因となる。

☐ L'eutrophisation provoque une croissance anormale des algues bleues.

Eutrophication causes abnormal growth of blue-green algae.

222

この暑さと湿気で**不快指数**はマックスです。

☐ Avec cette chaleur et cette humidité, l'indice d'inconfort est au maximum.

With this heat and humidity, the discomfort index is maxed.

223

消費者**物価指数**は前年比 1.75%の上昇です。

☐ L'indice des prix à la consommation a augmenté de 1,75 % sur un an.

The consumer price index rose 1.75% year-on-year.

224

取締役会は国の中心部に新しい**物流拠点**を建設すると決定しました。

☐ Le conseil d'administration a décidé de construire une nouvelle base logistique en plein centre du pays.

The board of directors has decided to build a new logistics base at the center of the country.

225

この紛争地での**平和条約**締結はまだまだ先だろう。

☐ La conclusion d'un traité de paix dans cette zone contestée est encore loin.

The conclusion of a peace treaty in this disputed area is still far away.

226

今回の政府決定は明らかに北朝鮮に対する**報復措置**だ。

☐ Cette décision gouvernementale est clairement une mesure de représailles contre la Corée du Nord.

This government decision is clearly a retaliatory measure against North Korea.

＊「(国際法の) 制裁措置」は sanction 女 / sanction (通例は複数形で使う) という。

227

第一子誕生後に母親の**母性本能**が発達するのを観察するのはすばらしいことです。

☐ Il est fascinant d'observer l'instinct maternel d'une mère se développer lors de la naissance de son premier enfant.

It is fascinating to observe a mother's maternal instinct develop after her first child's birth.

228

象は陸上で最も大きな**哺乳動物**です。

☐ Les éléphants sont les plus grands mammifères terrestres.

Elephants are the largest land mammals.

＊「肉食動物」は carnivore 男複 / carnivore、「草食動物」は herbivore 男複 / herbivore、「雑食動物」omnivores 男複 / omnivore という。

229

無党派層の支持を得られれば選挙は勝てる。

☐ Vous pouvez gagner les élections si vous pouvez gagner le soutien des électeurs non partisans.

You can win the election if you can gain the support of the non-partisan voters.

230

大統領候補は敗北を相手の責とすべく、対立候補に対する**名誉毀損**訴訟を起こした。

☐ Le candidat aux présidentielles a entamé un procès pour diffamation contre son opposant, le rendant responsable de sa défaite.

The presidential candidate is suing his opponent for libel, blaming him for his loss.

*「（口頭での）名誉毀損、誹謗中傷」には calomnie 囡 / slander という語も使われる。

231

この鬱血は**毛細血管**の損傷が原因です。

☐ Cette congestion est causée par des capillaires endommagés.

This congestion is caused by damaged capillaries.

232

木造建築の良さは木の温もりが感じられることだ。

☐ L'avantage de l'architecture en bois est que vous pouvez sentir la chaleur du bois.

The good thing about wooden architecture is that you can feel the warmth of the wood.

233

彼の**優柔不断**のせいで仕事はキャンセルされた。

☐ Le travail a été annulé en raison de son indécision.

The job was canceled because of his indecision.

234

郵便番号を書かずに投函しても手紙は届きますか。

☐ La lettre arrivera-t-elle même si je l'envoie sans écrire le code postal ?

Will the letter arrive even if I mail it without writing the zip code?

235

この遊園地の**幽霊屋敷**で怖がるのは子供だけだろう。

☐ La maison hantée de ce parc d'attractions ne ferait peur qu'à un enfant.

This amusement park's haunted house would only scare a child.

236

欲求不満が重なると体調がおかしくなりかねない。

☐ Lorsque la frustration s'accumule, cela peut vous faire sentir mal.

When frustration piles up, it can make you feel unwell.

237

この**予防接種**(ワクチン接種)は実際には効果がないように思う。

☐ Je ne pense pas que cette vaccination soit vraiment efficace.

I don't think this vaccination is really effective.

238

世論操作は主にフェイクニュースがベースとなっている。

☐ La manipulation de l'opinion publique repose en grande partie sur de fausses informations.

Public opinion manipulation is largely based on fake news.

＊ manipulation médiatique, manipulation des médias 女 /media manipulation 「情報 (メディア) 操作」も類語。

239

出発3日前だが、まだ詳しい**旅行日程**(旅行計画)は知らされていない。

☐ Il reste trois jours avant le départ, mais l'itinéraire détaillé n'a pas encore été annoncé.

It is three days before departure, but the detailed itinerary has not yet been announced.

240

製薬会社が認知症治療薬の**臨床試験**を開始した。

☐ Une société pharmaceutique a commencé des essais cliniques de médicaments contre la démence.

A pharmaceutical company has begun clinical trials of dementia drugs.

解答・和訳

Warming-up 1

01. 安全地帯　　02. 社会秩序　　03. 中年夫婦
04. 衛星放送　　05. 合成繊維　　06. 自由主義
07. 懐中時計　　08. 社会保障　　09. 銀行強盗
10. 労働条件　　11. 時事問題　　12. 民事訴訟

Warming-up 2

13. 固定観念　　14. 健康診断　　15. 保健体育
16. 民間企業　　17. 交通事故　　18. 近代国家
19. 満場一致　　20. 内容見本　　21. 南極大陸
22. 日本列島　　23. 天体観測　　24. 博士論文

Warming-up 3

25. 精密検査　　26. 選挙運動　　27. 資本主義
28. 司法試験　　29. 生活水準　　30. 電話番号
31. 適性検査　　32. 内部事情　　33. 裏口入学
34. 満員電車　　35. 最終電車　　36. 風俗習慣

Warming-up 4

37. 電子煙草　　38. 受動喫煙　　39. 民間外交
40. 動画広告　　41. 動画配信　　42. 遠隔治療（遠隔診療）
43. 宇宙旅行　　44. 再生医療　　45. 知的財産
46. 物質主義（唯物論）47. 音声認識　　48. 電子署名

Warming-up 5

49. 化学反応　　50. 左右対称（対称性）　　51. 専門用語
52. 絶対王政　　53. 参考文献（図書目録）　　54. 植民地化
55. 被害妄想（偏執病）　　56. 気象衛星
57.（パスポートの）有効期限　58. 反日感情
59. 博士課程　　60. 生活環境

練習問題 1　　　　適語選択 p.12

① La stabilité **politique** contribue à l'amélioration économique.

② Les fonctionnaires sont peu préoccupés par la **sécurité** de l'emploi.

③ Les représentants du **gouvernement** doivent se conformer à cette règle.

④ Il est sous **pression** pour présenter un plan média d'ici ce soir.

⑤ Tous ces chiffres sont basés sur les résultats du recensement **national**.

練習問題 2　　　　語句説明 p.13

① politicien, politicienne

② démocratie

③ expression

④ effort

⑤ nationalité

練習問題 3　　　　適文連結 p.24

① - **B**　社長のコメントは 2 人のマネージャーの間に少なからぬ摩擦を生み出した。

② - **C**　このひどい計画では地元の商業を立て直すのは難しい。

③ - **E**　こうした家内工業は早晩 IT 革命の軍門にくだるだろう。

④ - **A**　わが社では新入社員全員に 2 着の新品の制服を支給する。

⑤ - **D**　André 氏は某国の外交問題解決の切り札と目される人物です。

| 練習問題 4 | 整序問題 | p.25 |

① Un de mes collègues a été [**transformé par un entraînement quotidien**] rigoureux.

② Si la monnaie s'affaiblit, [**notre situation économique se détériorera**] rapidement.

③ La conférence [**internationale qui devait se tenir**] dans notre université a été soudainement reportée.

④ Je veux que notre [**société soit égalitaire tout en**] reconnaissant la diversité.

| 練習問題 5 | 適語選択 | p.36 |

① Puis-je vous poser **une question personnelle** ?
　個人的な質問をしてもよろしいですか。

② Quelqu'un a écrit **des mots obscènes** sur les portes des WC publics.
　公衆トイレのドアに誰かがわいせつな言葉を書いた。

③ Pendant **la période estivale**, cette ville est presque vide.
　夏の間、この町はほとんど空っぽです。

④ Chaque année, **les éruptions volcaniques** causent des décès.
　毎年、火山の噴火で死者が出ている。

⑤ **La décoration intérieure** du magasin est devenue un sujet brûlant dans le monde.

その店の内部装飾（内装）が巷で話題になっている。

練習問題 6	共通適語補充		p.37
① **friction**	貿易摩擦	家庭不和	２国間の軋轢
② **intérieur**	室内装飾	国内取引 （国内貿易）	外出嫌いの男
③ **activité**	違法行為	経済活動	活火山
④ **information**	情報革命	情報化社会	情報開示
⑤ **gouvernement**	政府予算	政府支出	政府の再編

練習問題 7	二者択一	p.48

① **b** : la réalité
息子は現実逃避（→ a 道徳観念から逃れるの）が得意だ。

② **a** : génération
彼女は私より２年後に生まれた、よって私たちは同世代（→ b 同感覚）だ。

③ **a** : la réalité virtuelle
実社会の中で疲弊して仮想現実（→ b 封建制）に逃げ込む人たちがいる。

④ **b** : à population dense
バングラディシュのダッカは人口密集都市（→ a 温帯の農業都市）だ。

＊ダッカの気候は「熱帯性気候」climat tropical である。

⑤ **b** : organes digestifs
口から肛門まで、さまざまな消化器（→ a 循環器）が１本の管となって体の中を通っている。

① On constate une nette augmentation du ratio de retraités par **[rapport à la population active]** dans ce secteur.

② **[L'effet économique des travaux publics]** peut revitaliser cette zone.

③ Quels aspects positifs et négatifs **[la croissance démographique explosive de]** l'Inde apportera-t-elle à l'avenir ?

④ Nous devons faire **[face à cette dure réalité]**.

① production

② capacité

③ autonomie

④ éclipse

⑤ militaire

① - **C** 日銀の外国為替介入はけっしてうまくいかない印象がある。

② - **A** 天文好きの息子は蝕の日を心待ちにしていた。

③ - **E** 米の年間生産高が下がることに懸念が示されて久しい。

④ - **D** 会社の経営状態はたとえこの不況下でも安定的だ。

⑤ - **B** その根気を要する仕事は明らかに彼（彼女）の能力を超えていた。

① **b** : minoritaire
　少数意見（→ a 多数意見）に耳を傾ける政治家はほとんどいない。

② **a** : d'infériorité
　マイナス思考や劣等感（→ a 優越感）が心の病を引き起こすことはままある。

③ **a** : en déclin
　「斜陽（→ b 傾斜）産業」と「成長産業」は対義語です。

④ **b** : sélection naturelle
　この会社では能力主義による自然淘汰（→ a 自然破壊）が常態化しています。

⑤ **a** : un joli capital
　おじは不動産で相当な資産（→ b かなりの重量感）を有している。

① Il va [**sans dire que l'investissement immobilier**] doit être fait avec prudence.

② Cette machine fonctionne sur la [**base d'un système d'ingénierie complexe**].

③ On dit que [**d'abondantes ressources naturelles dorment sous**] la mer.

④ Le jury a fait une [**première sélection parmi les candidats**].

① La plupart des employés utilisent **les transports** en commun pour se déplacer.

ほとんどの従業員は通勤に公共交通機関を利用しています。

② Cette entreprise ne semble pas offrir **un environnement** de travail confortable à ses employés.

あの会社は従業員に対して快適な労働環境を提供しているようには見えない。

③ **La réforme** de l'enseignement dans notre pays est une priorité absolue.

わが国の教育改革は何よりの優先事項だ。

④ Les services bancaires en ligne ont réduit le coût **des transferts** d'argent.

インターネットバンキングによって送金コストが下がった。

⑤ **La pollution** de l'eau est devenue un problème sérieux pour la région.

水質汚染はその地域にとって深刻な問題になっている。

① - **C** 現在の政権の政策は大企業寄りだと思いませんか。

② - **A** この一角では違法薬物の売買が公然と行なわれている。

③ - **E** わが社では新規のプロジェクトが潤沢な予算に恵まれることは稀だ。

④ - **B** この村の自然環境を守ることが私たちの使命です。

⑤ - **D** あの医療事故に関して情報が不足している。

① laboratoire

② nerf

③ pentagone

④ retraite

⑤ conférence

①	**moderne**	現代生活	現代医学	近代五種競技
②	**volontaire**	輸出自主規制	自主廃業 （自主閉鎖）	自己破産
③	**illégal**	不法入国	違法駐車	不法移民、 不法入国者
④	**fonds**	エコ・ファンド	救済基金	政治資金
⑤	**pollution**	騒音公害	海洋汚染	公害病

① À l'avenir, je veux étudier la science et la technologie pour **explorer l'univers**.
将来、宇宙を探索する科学と技術を学びたい。

② Elle va **passer l'examen de certification** pour devenir infirmière.
彼女は看護師になるための認定試験に合格することでしょう。

③ Les politiciens veulent-ils vraiment **amender la constitution** ?
政治家たちは本気で憲法を改正したいのだろうか。

④ Cette municipalité vise à **avoir des échanges culturels formels** avec Le Caire cette année.

この自治体は今年中にカイロと正式に文化交流することを目指している。

⑤ Ils ne semblent pas comprendre ce que signifie **penser à la lumière des philosophies** des grands hommes.

彼らには偉人たちの哲学に照らして考えるという意味がわからないようだ。

練習問題 18	整序問題	p.109

① La **[liberté de religion est importante]**, mais la foi aveugle dans les nouvelles religions est pleine de dangers.

② Avant la **[découverte de la gravitation universelle]**, on pensait que les pierres tombaient parce que le sol qui les compose essayait de retourner au sol.

③ Il y a longtemps, il y a eu **[un conflit d'héritage féroce dans]** cette famille riche.

④ Le **[destin d'un pays à l'agriculture]** en déclin est vraiment misérable.

練習問題 19	不適切語選択	p.120

① **C** 選挙ポスター　　選挙活動（運動）　　選挙習慣
　　cf. 選挙週間　semaine électorale

② **C** 核シェルター　　核開発　　　　　　核火山

③ **C** 気象警報　　　　気象衛星　　　　　気象価値
　　cf. 希少価値　valeur de rareté

④ **B** （臓器の）同時摘出　同時図形　　同時通訳

⑤ **B** 能力がある、　　　　爆弾を落とす　反核キャンペーンを
　　　有能である　　　　　　　　　　　展開する

* laisser tomber は「支えていないと自然に落下する」対象に使う動
　詞（例：laisser tomber les assiettes「皿を落とす」）、「爆弾を落と
　す（投下する）」なら lancer, lâcher を用いる。

練習問題 **20**　　　　整序問題　　　　　　　　p.120

① Avec le développement de l'IA, la **[compétence
   particulière de l'interprétation simultanée]** pourrait
   perdre son sens à l'avenir.

② Nombreux sont les législateurs qui, même s'ils sont
   [désespérés lors des campagnes électorales],
   changent d'attitude dès qu'ils sont élus.

③ Chaque fois que je pense **[à l'accident nucléaire de
   Fukushima]**, je suis désolé pour les gens qui parlent
   négligemment de pénuries d'électricité.

④ Des **[satellites météorologiques équipés
   d'équipements de]** pointe ont rendu possible des
   prévisions précises.

練習問題 **21**　　　　適語選択　　　　　　　　p.132

① L'avenir de l'intelligence **artificielle** s'accompagne
   d'anxiété et d'attentes.
   人工知能 (AI) の先行きは期待とともに不安がつきまとう。

② Des substances **toxiques** ont été détectées dans une
   rivière voisine.
   近所の川から有害な物質が検出された。

③ Quel est votre écrivaine **contemporaine** préférée ?
現代女流作家であなたが一番好きなのはどなたですか。

④ Mon père collectionne les timbres **commémoratifs**
depuis qu'il est jeune.
父は幼い時からずっと記念切手を集めています。

⑤ Avec l'essor des livres **électroniques**, les livres
traditionnels en papier sont éclipsés.
電子書籍の台頭で、従来の紙の書籍にかげりが出てきて
いる。

練習問題 22	不適切語選択	p. 133

① **B** 有毒ガス　　　有毒図書　　　有毒物質
cf. 有害図書 livres nuisibles

② **C** 人種の多様性　人種問題　　人種レストラン
cf. エスニックレストラン restaurant ethnique

③ **C** 電子データ　　電子マネー　　電子更新
cf. 自動更新 renouvellement automatique

④ **A** 未成年式　　　結婚式　　　茶道（茶の湯）
cf. 成人式 cérémonie de passage à l'âge adulte

⑤ **A** 電気手帳　　　電気温水器　　電気自動車
cf. 電子手帳　agenda électronique

練習問題 23	適文連結	p. 144

①-**D** 登場人物の心理描写がこの古典的なフランス劇では
驚くほど繊細かつ詳細に描かれている。

②-**B** ビジネス革新（経営革新）は今日の情報化社会にお
いてこれまでにないほど重要になっている。

③-**C** 政府は軍縮の問題に関する立場を完全に変えました。

④-**E**　新しい大臣の外交手腕を不安視する声が上がっている。

⑤-**A**　人工知能は私たちの想像の範囲をはるかに超えて発達、進化している。

練習問題 24	二者択一	p.145

① **a** : technologie moderne
現代のテクノロジー（→ b 封建社会）により多くの作業が容易になった。

② **b** : les discriminations raciales
法は人種差別（→ a 善悪の区別）を禁じている。

③ **b** : des substances toxiques
この川の水には有毒物質（→ a 電子部品）が含まれている。

④ **b** : la voie diplomatique
この決定には外交ルート（→ a 2車線道路）を通じて入念な根回しがなされていたことは間違いない。

⑤ **a** : une guerre psychologique
囲碁や将棋、チェスには心理戦（→ b 群集心理）がつきものだ。

313

2章

練習問題 1　　　　　　語句説明　　　　　　p.158

① système

② région

③ pouvoir

④ sens

⑤ société

練習問題 2　　　　　　適語句選択　　　　　　p.159

① La réduction des émissions de **gaz à effet de serre** est un défi auquel sont confrontés les pays du monde entier.
温室効果ガス削減は世界中の国々に課せられた課題だ。

② Quand j'ai vu un **train routier** pour la première fois, ça m'a coupé le souffle.
初めてロードトレインを見たときは思わずはっと息を呑んだ。

③ Ma sœur n'a aucun **sens de l'orientation** depuis qu'elle est enfant.
私の姉（妹）は子供の頃からまるで方向感覚がない。

④ Ne pensez-vous pas que notre **système d'assurance sociale** est plein de défauts ?
わが国の社会保険のシステムは欠点だらけだと思いませんか。

⑤ Il existe de nombreuses universités où il y a une **lutte de pouvoir stérile** entre le conseil de la faculté et le conseil d'administration.
教授会と理事会の不毛な権力争いが繰り広げられている大学はいくつもある。

① mouvement

② valeur

③ départ

④ information

⑤ base

① En raison du mauvais temps, l'heure **[de départ de mon vol]** est incertaine.

② Un **[échec majeur du développement urbain]** peut se traduire par un paysage terriblement désolé.

③ La **[capacité de traitement de l'information]** de ce petit ordinateur personnel est super rapide.

④ Un léger **[mouvement de la croûte terrestre]** dans cette zone maritime pourrait produire un grand tremblement de terre.

① expérience

② qualité

③ violence

④ difficulté

⑤ compagnie

① - **B**　幽体離脱を伴う臨死体験をしたことはありますか。

② - **E**　彼女の最終秘密兵器はまさにどのようなものかご存知
　　　　ですか。

③ - **C**　この犯罪組織の壊滅に警察が本腰を入れたのはいつ
　　　　のことですか。

④ - **A**　「校内暴力」という言葉が新聞で大きく取り上げられ
　　　　たのはいつのことでしたか。

⑤ - **D**　この事故に関してあなたの倫理的責任は問われない
　　　　のですか。

① impression

② stratégie

③ culture

④ communication

⑤ réaction

① **C**　大衆文化、マスカルチャー　温室栽培　文化の進歩
　　cf. progrès de la civilisation「文明の進歩」

② **B**　音楽教育　　　　　　公教育　　　　　　性教育
　　cf.「公の教育」の意味なら enseignement public を使う。

③ **A**　恋戦略　　　　　販売戦略　　　　核戦争
　　cf.「恋の駆け引き」なら tactique d'amour とか stratégies de l'amour,
　　stratégie en amour といった言い方をする。

④ **C** 印象批評　　　第一印象　　　　第六印象

cf. sixième sens「第六感」

⑤ **A** アフター交渉　外交交渉　　　　交渉決裂

＊「製品販売後の交渉」は意味をなさない。cf. service après-vente「アフターサービス」

| 練習問題 9 | 語句説明 | p.206 |

① mariage

② université

③ analyse

④ réserve

⑤ habitude

| 練習問題 10 | 整序問題 | p.207 |

① [**L'analyse du marché par l'expert**] suggère que la Bourse va monter à l'avenir.

② Deux peintures de paysage de mon père ont été ajoutées à [**la collection permanente d'un musée**] voisin.

③ Malheureusement, ma secrétaire a [**la mauvaise habitude d'être en**] retard.

④ Les universités sont confrontées à une lutte [**sans précédent pour leur existence / pour leur existence sans précédent**] en raison de la baisse du taux de natalité et de la récession économique.

＊④は 2 つの語順が可能。

① référence

② meurtre

③ désir

④ photo

⑤ distance

① Son sécrétaire **privé** a été arrêté pour tentative de **meurtre**.
彼の個人秘書が殺人未遂で逮捕された。

② Montesquieu est crédité comme le premier à avoir prôné la **séparation** des pouvoirs.
最初に三権分立を説いたのはモンテスキューとされている。

③ Une maison dans une ville de banlieue me plaît beaucoup, mais le gros inconvénient est la longue **distance** de trajet jusqu'au centre-ville.
郊外の都市の一軒家には大いに惹かれますが、都心への通勤距離が長いのが難点です。

④ Pouvez-vous battre les méthodes **traditionnelle**s de cette industrie artisanale ?
この家内工業の伝統的な方法をあなたは打ち破れますか。

⑤ Il est important d'apprendre à ne pas succomber à ses **désir**s.
自分の欲望に負けないことを学ぶのは大切なことだ。

① suicide

② don

③ instrument

④ déficit

⑤ phénomène

① - **C**　そのホテルの慢性的な赤字はそう易々とは解消されそうにない。

② - **B**　この奇妙な現象がどこで起こったものか説明できますか。

③ - **D**　警察はそれが殺人か自殺かまだ分からずにいる。

④ - **E**　あの政治献金が国民のために使われるのかそれとも政治家の懐に入るのか不透明だ。

⑤ - **A**　入試の精神的な負担は受験生だけでなく親にも重くのしかかる。

① organe

② immigration

③ abus

④ divorce

⑤ sanction

① Tous les passagers doivent passer par **[le contrôle d'immigration à l'atterrissage]**.

② Le **[déversement illégal dans cette zone]** sera passible d'une amende pouvant aller jusqu'à 300 000 yens.

③ Le simple fait **[de regarder ce paysage rural]** idyllique semble me nettoyer l'esprit.

④ Quoi qu'il en soit, je veux que vous arrêtiez immédiatement ce **[genre d'abus de pouvoir injuste]** !

① **a** : Une balance d'inventaire
バランスシート（→ b 天秤）とは、企業の財政状態を明らかにするため、資産・負債の状態を表した書類です。

② **a** : L'expansion territoriale
領土拡大（→ b 精神的な喜び）は隣国の至上命題のようだ。

③ **b** : l'utilité sociale
この最新技術がもたらす社会的な有用性（→ a 連絡通路）を試算してみましたか。

④ **b** : la température
理由は不明なのだが患者の体温（→ a 呼吸）が急に上がったり下がったりする。

① Est-il correct de supposer que Jean-Paul Sartre est **l'ancêtre de l'existentialisme** ?

実存主義の始祖はJ-P. Sartreという理解でよろしいですか。

② Ce matériau est très sensible **aux changements de température**.
この素材は温度変化にとても敏感です。

③ **La balance commerciale** du pays n'a jamais été excédentaire.
その国の貿易収支はこれまで黒字に転じたことはない。

④ **Les actes d'agression du dictateur** continuent de s'intensifier malgré les critiques internationales.
独裁者による侵略行為は国際的批判にさらされながらもますますエスカレートしている。

⑤ Trois ans après la catastrophe, le nombre de personnes vivant dans **des logements temporaires** n'a pas diminué du tout.
震災後 3 年、仮設住宅で暮らす人の数は一向に減っていない。

練習問題 19 　　　二者択一 　　　　　　　　　p.266

① **b** : l'espérance de vie
戦争や自然災害があると平均寿命 (→ a 平均身長) は下がる。

② **b** : l'abolition d'une ligne de bus déficitaire
交通関連の会社に勤務しているので赤字バス路線廃止 (→ a 奴隷制度廃止) は心が痛みます。

③ **b** : soins intensifs
祖父は一昨日から集中治療 (→ a 予防策) を受けています。

④ **b** : L'oxygène liquide
液体酸素 (→ a 流動食) はロケットエンジンの主燃料である水素の助燃剤として用いられている。

⑤ **a** : une ville à l'atmosphère exotique
鎖国でも世界に扉を開けていた長崎は異国情緒あふれる
街（→ b 大学都市）として知られている。

練習問題 20　　　　整序問題　　　　　　　p.267

① **[La combustion spontanée des prises]** murales
provoque souvent des incendies.

② Je ne pense pas que c'est le bon moment pour le Japon
de discuter de **[l'abolition de la peine de]** mort.

③ Comment pensez-vous **[que l'infection par
gouttelettes devrait]** être évitée ?

④ Il y a eu **[des fraudes électorales répétées dans]** la
région pendant des décennies.

索 引

本書内の見出し語を中心にフランス語のみを対象としたものです。
見出し語は白抜き番号で、他はページ指示で統一しました。なお、
次の点にご留意ください。

(1) 例文中のさまざまな言い回しは索引の対象としていません。残
念ですが、全部を細かに拾うと索引が倍以上に膨れあがりか
ねません。

(2) 注記欄からは単語を拾っています。

(3) 見出し語を除く、名詞と形容詞の女性形 (単数) は本書内とは
別で < 男性形 ＋ (e)> の形で簡略に示していますが、他は男性
形と女性形を併記しました。

329

341

あとがきにかえて

1章でカタカナ英語の力を応用・活用していますが、それが和製英語なら注意が必要です。知られた例は「試験でカンニングする」と言いたいときに *cunning* は使えないので *cheating on the test, cheating at an examination* / tricher aux examens とする。他の注意すべき例を以下、思いつくまま記しておきます。ただし、ここでは英仏語のスペリングの類似にこだわっておりません。また日本語お得意の恣意的な短縮「セクハラ」= *sexual harassment* / harcèlement sexuel **nm** といった例も対象外とします。

和製英語のためについ間違って使いかねない単語の例

ジェットコースター
　　roller coaster / montagnes russes **nfpl**

ノートパソコン
　　laptop / ordinateur portable **nm**

フライドポテト
　　french fries, (英) *chips* / frites **nfpl** (= pommes frites)

シャープペンシル
　　mechanical pencil / porte(-)mine **nm**

シルバーシート
　　seats for elderly people / sièges pour personnes âgées **nmpl**

ドクターヘリ
　　air ambulance / ambulance aérienne **nf**

トランプ
　　cards / cartes (à jouer) **nfpl**

ピアス
　　earrings / boucles d'oreilles **nfpl**
＊ちなみに「イヤリング」は *clip-on earrings* / boucles d'oreilles clips という。

ベビーカー
　　stroller, (英) *baby buggy* / poussette **nf**

パンク (したタイア)
　　flat (tire/tyre) / crevaison **nf**, pneau crevé **nm**

著者

久松　健一
HISAMATSU Ken'ichi

現在、明治大学商学部教授。
ここ数年、駿河台出版社や IBC パブリッシング、三省堂などから意欲作を発表している。具体的には『＜中級文法への道標＞ 英語ができればフランス語はここに極まる！』、『[実用頻度順] 代名動詞を軸とした表現宝典450』、『[頻度順] フランス語名詞化表現宝典 1192』、『基本フランス語表現記憶辞典 INTRODUCTION』（共著）、『仏英日例文辞典 POLYGLOTTE』、『仏検対策・フランス語単語 Révolution』など。

日本人のための
上級フランス語単語

| 2023 年 10 月 6 日 | 初版印刷 |
| 2023 年 10 月 12 日 | 初版発行 |

著者	久松 健一
装丁・本文デザイン・DTP	屋良 達哉
印刷・製本	精文堂印刷株式会社
発行	株式会社 駿河台出版社
	〒 101-0062 東京都千代田区神田駿河台 3-7
	TEL 03-3291-1676 / FAX 03-3291-1675
	http://www.e-surugadai.com
発行人	上野 名保子

© HISAMATSU Ken'ichi 2023　Printed in Japan
ISBN　978-4-411-00569-4　C1085